戦後日本史

米国の対日政策の歴史

冨田和夫

郁朋社

はじめに

戦後日本がGHQの支配下にあった一九四九年、米国の経済政策専門家のドッジが日本に派遣され、日本政府に「経済九原則」を示して実施させた。同年秋、財政学者シャウプが派遣され、「税制改革」を勧告し、日本の税制は根本的に変革された。

一九五一年、サンフランシスコにおいて、米国を主とした対日講和条約が結ばれ、同時に「日米安保条約」が調印され、「日米行政協定」も調印された。これは米国の「望む場所に、望むだけの軍隊を、望む期間駐留させる」権利を米軍に与えるもので、「講和」後も日本は実質的に米軍の支配下にあることを意味するものであった。

教育の面では、米国の「教育使節団」の報告に基づき、教育制度は六・三・三制度となり、一九四七年から実施された。教育内容はデューイの「プラグマチズム教育論」が導入され「新教育」として全国の学校教育に浸透した。

それから今日迄の間、米軍による日本支配に反対するたたかい、労働者・人民の生活と権利を守るたたかい、戦争に反対するたたかいが、連続して根強くすすめられ発展してきた。

それは、一九四七年二月一日の「二・一ゼネスト」、一九六〇年の「安保闘争」、一九六〇年から一九七〇年の「沖縄を返せ」「ベトナム戦争反対」闘争、一九七〇年から一九八〇年の「公害」反対、大企業の犯罪糾弾闘争、引き続く原発反対、反核運動、二〇〇三年のイラク戦争反対、自衛隊海外派遣反対闘争、そして二〇一五年の「戦争法案」反対全国闘争などにあらわれている。

七十数年を経た現在はどうであろうか。経済の面では、オバマ大統領の政治・経済顧問であった浜田エール大学教授が安倍政府に派遣され、「アベノミクス」政策作りに参画した。アベノミクスによる経済の失政は周知の通りである。

政治軍事面では、二〇一五年に安倍政府が国会に提出した「安保関連諸法案」(〝戦争法案〟とよばれた)は、米国の「アーミテージ(軍出身の政治家)・ナイ(経済学者・政治家)レポート」を翻訳して法案にしたものであった。日本全国の広範な人々が反対してたち上がり、「シールズ」が活躍し、「安倍の政治は許さぬ」というステッカーが全国津々浦々貼られるといった状況が作り出された。

教育では、米国の「バウチャー教育」という「競争原理」と「淘汰」を持ちこんだ教育方針が導入されようとしており、その片影を大阪の教育改革に見ることができる。即ち学力テスト至上主義で、テストの点が低い学校は教員入れ替えや閉校にし、点数の低い子は留年させる、教育委員会は自治体の長に直属させるというものであり、塾・家庭教師を奨励している。

このように戦後から現在に至る日本における支配と被支配の関係は変わっていない。即ち米国の軍事力によって日本の政治・軍事が支配されており、米国に従属する日本の資本家・政治家が労働者・人民を支配下において豊かな生活を享受し、労働者・人民は貧困に追いこまれている。そうして今や資本主義は行きづまり腐敗し、危機に陥って抜き差しならぬようになっている。労働者・人民は資本家に入れ替わり、日本の真の独立を目指し、腐り切った資本主義に別れを告げ、平和を求め、労働者が社会の主人公となる道を模索し、力強く前進しようとしている。

この本はこのような戦後の七十数年の歴史を忠実に辿り、連続的・継続的に発展してきた戦後歴史の真実を語っており、私はこの本の内容が、日本社会の発展と進歩のために奮闘しておられる皆様のお役に立つ一助となれば望外の仕合わせだと思っている。

なお、この本の編集・出版にあたり、郁朋社代表・佐藤聡さんのご助言とスタッフの皆さんの並々ならぬご尽力をいただき、心から感謝しています。

二〇一九年十一月

冨田　和夫

戦後　日本史　―米国の対日政策の歴史―／目次

一九六〇〜一九七〇

一九七〇〜一九八〇

一九八〇～一九九〇

一九九〇～二〇〇〇

二〇〇〇～二〇一〇

二〇〇〇～

装丁／宮田麻希

一九四五～一九五〇

昭和天皇とマッカーサー

敗戦　無条件降伏
GHQと天皇・マッカーサー会見
戦犯と東京裁判
言論統制
吉田茂の起用
賠償と復興
農地改革
国連と日米関係
占領政策と天皇
新憲法の制定
インフレ
二・一ゼネスト
米ソの対立・冷戦
対日政策の転換

敗戦　無条件降伏

一九四五年八月十四日、日本政府は連合国に対して「ポツダム宣言」受諾を通告した。翌八月十五日「天皇玉音放送」によって日本全土の人々及び海外派遣兵士に対し、ポツダム宣言を受諾し連合国に降伏した旨を伝達した。

連合国は同八月二十八日より日本本土の占領と日本軍の武装解除を始めた。

同九月二日、米国は戦艦ミズーリを東京湾に派遣し、同戦艦上で日本側全権・外務大臣重光葵《まもる》、陸軍参謀総長・梅津美治郎が降伏文書に調印し、日本軍隊の無条件降伏と敵対行為の中止、ポツダム宣言の誠実な履行、日本政府の統治権の連合国軍最高司令官への従属などを約した。

GHQと天皇・マッカーサー会見

最高司令官にはマッカーサーが就任した。

連合国軍の日本占領の主力は米軍であって、米国は日本を単独占領し、日本の完全支配を目論んだのである。マッカーサーが日本占領政策を遂行していく上で最重要視した問題は、マッカーサーと天皇の関係（会見）であったと言われている。

天皇・マッカーサー会見は、一九四五年九月二十七日の第一回会見から一九五一年四月十五日の最終回会見迄十一回の会見が行われた。会見のなかで天皇は、マッカーサーに対し「戦争裁判に対して貴司令官が執《と》られた態度に付、此機会に謝意を表したいと思います」と述べ、応答したマッカーサーは「私はワシントンから天皇裁判について意見を求められましたが勿論反対しました。英ソ両国は、裁判を主張していたが、米国はその間違いを主張し、遂に裁判問題は提起されなかった。現在なお天皇裁判を主張しているのはソ連と中共であります」と言ったのである。

第一回会見で天皇は、戦争責任について、「私は戦争を望んでおらず、平和を望んでいた」と言って、マッカーサーに「天皇の周辺が戦争へ戦争へと奔流になっているとき、一人それに抗《あらが》うことはできなかった」と理解させるように話しかけ、真珠湾奇襲攻撃による開戦の責任については「宣戦布告詔書を東条（英機首相）がどのように扱うか知らなかった」と言って、真珠湾奇襲攻撃の後に宣戦布告をアメリカに通告したのは東条であるとして、開戦の責任を東条に押し付け、マッカーサーに理解してもらうように話したと言われている。

その結果、天皇は戦争責任を問われず、東京裁判の被告にならなかったのであろう。そのことについての天皇のお礼とマッカーサーの応答が前述のような会見の席での会話となったのである。

この会見では、天皇はマッカーサーの占領「権力」に全面的な協力をすることによって、自らと皇室を守り天皇制を温存できるという確信を得、マッカーサーにとっては天皇の「権威」を利用して、日本軍の解体、国民の動揺（反米感情の高まり）を抑《おさ》え、日本占領政策がスムーズに行えるという大きな収穫を得たのである。また両者が共有する反共思想を確認することによって、米国は日本をソ連・中国に対する前線基地とすることを得、天皇と日本の支配階級は米国に守られてソ連・中国による「共産主義の浸透」を防ぎ、天皇と皇室の安全が確保できることを得たと言うことができるであろう。

こうした天皇の意思は後の講和条約や安保条約をめぐる日米交渉に影響を与え、後の靖国参拝問題にも深く関わり今日なおその尾を引いている。

戦犯と東京裁判

一九四五年九月十五日マッカーサーは連合国最高司令官の機関であるＧＨＱを横浜から東京日比谷に移し、本格的な日本占領政策を実行しはじめた。

その第一歩は「戦犯逮捕」であった。ＧＨＱのマッシバー大佐が戦犯として三十五名の逮捕リストを鈴木公使に見せ、戦犯逮捕が始まった。その狙いは「日本を再び大国として事《こと》ができないようにするために、国家の根本を改造し民族を再教育しようとした」と言われている。

戦犯はA級戦犯（戦争の計画、準備、開始及び遂行を行った人物）少数とB・C級戦犯（戦争法規違反の現地責任者及び直接の下手人）多数、となっていた。A級戦犯逮捕は一九四六年四月迄行われ、同四月に極東国際軍事裁判（東京裁判）に起訴された。

東京裁判の判決（一九四八年十一月）は、被告二十五名全員（大川周明―精神異常、松岡洋右・永野修身―死亡で除外）に有罪を宣告した。内訳は東条英機ら七名死刑、東郷重徳が禁固二十年、重光葵が同七年、その他十六名が終身刑であった。

東京裁判については、侵略戦争の犯罪性は国際法の上では確立していないので、戦勝国の判断による報復的な断罪であり、「勝者の裁判」だという批判がある。

侵略戦争は、資本主義経済のもとでの自由競争の激化が過剰生産→経済恐慌をひき起こし、危機に陥った資本家階級が、海外に市場を求めて軍事力を頼りに他国を侵略していくから起こるのである。東京裁判では、本質的な侵略戦争裁判を行えば、「天に唾《つば》する」ことになり、裁判を提起し行った者を罰せざるを得なくなるであろう。故に米国のキーナンを主席検察官とした検察団は、日本の軍閥が独走して侵略戦争をひき起こしたとし、東条英機など軍閥の主要人物を戦争犯罪人として起訴し、日本財閥（資本の独占化集団）の犯罪を覆い隠した。それはまた自国の財閥による侵略戦争を免罪にしようとするものであった。しかもキーナンは、マッカーサーの意を受けて、舞台裏で昭和天皇の不起訴を画策したのである。

言論統制

米国はGHQを通して日本の軍事力の破壊を行い、反米の牙《きば》を抜いて、目下《めした》の同盟国とすべく着々と対日政策を実行した。GHQは、日本統治に当たり、政治の面では間接支配を行った。しかし言論・思想面は特に重視し、直接管理方式をとり、言論・思想の支配・管理に特別な力を注いだ。

一九四五年九月十九日、GHQは「プレス・コード」(「日本ノ新聞準則ニ関スル覚書」)を発表した。新聞の事前検閲である。検閲内容は次のようなものであった。

・占領軍が内政干渉しているかのような記事は載せてはならない。
・GHQの政策批判を行わない。
・社会の暗黒面を暴露するような記事を避けること。
・労働争議にGHQが介入しているが如き記事は許さない。

この事前検閲では、米国が広島・長崎に投下した原爆とそれに関連する記事は禁止された。またメーデー記事は書くな、などといった指導が行われた。

放送、映画、出版などはすべてGHQの指導のもとに置かれた。

プレスコード違反の見せしめとして。九月十九日、二十日の『朝日新聞』が発行停止になり、十月には『同盟通信』が解散させられ、十一月に『共同通信』と『時事通信』に分割・再建させられた。

戦後新聞界の三大争議と言われた『読売新聞』『北海道新聞』『西日本新聞』の争議に対して、GHQは直接介入した。

『読売新聞』では労働組合が経営者の戦争責任を追及し、民主化を要求してたたかった。そのたたかいは発展し、記者・編集者と編集局・印刷局の労働者が団結して、新聞の戦争責任を明らかにし、今後の新聞のありかたについて紙面に反映させた。こうした記事に対してGHQは「左翼的」でありプレス・コードに反するとして、紙面の「善処」を要望すると言って強引に介入した。たたかいは激化し会社側は警察権力の導入を行い、GHQは新聞課長（GHQの施政機関の一つである民間情報教育局の下部組織新聞課の課長インボーデン少佐）を送り込んで争議に介入した。読売労組に対しては国鉄労組や他の労組の直接・間接の支援があり、争議は激化し五カ月にわたってたたかわれた。最後は会社側が解雇を撤回、当事者六名は自発的退社ということで解決した。

『北海道新聞』では従業員組合が経営管理に入り、進歩的論説を展開、これに対しＧＨＱが介入し、大量処分が行われた。そこで争議が起こり、長期にわたるたたかいが続いた。

『西日本新聞』では、組合員による編集管理体制に対し、会社側は「編集権」の侵害だとして五名を解雇、争議となり、長期にわたったが、一九四九年一月、退職金支給で解決した。

こうした新聞社の争議に対してＧＨＱは、軍隊による武力の脅しで介入し、また用紙の割当を削減する等で圧力をかけ、資本家の側に立って労働者を弾圧し、新聞社の経営及び紙面を占領政策の意のままに支配した。

これは戦後米国の日本「民主化」と称する言論・思想の統制であり、人々の言論・思想の自由に制限を加え、日本をアメリカナイズさせ、米国に従属させようとする政策の重要な一環であった。

吉田茂の起用

ＧＨＱは対日政策を遂行するに当たり、内閣・行政組織を、占領政策に忠実な人物及び従順でよく機能する組織を選び形成しようとした。

そこで旧日本政府の外交官であった吉田茂が「米国からの要求に全て従う」人物として、外相・首相の候補として選ばれた。行政組織は日本の官僚が誠実に戦時中の政府の政策を具体化して効率よく働いた実績を評価し、旧官僚組織をそのまま占領政策の行政組織として使った。

GHQは、日本占領と占領政策実施の要《かなめ》として天皇の権威を利用し、「軍国主義の牙を抜く」ために戦犯の指名・逮捕を行い、言論・思想を統制するために「プレス・コード」によって占領政策への批判を封じ込んだのである。

賠償と復興

次に対日賠償問題について米国は、ポツダム宣言に基づき対日賠償処理のために米国代表ポーレー大使を日本に派遣して調査させ、報告書を発表した。

報告書は「日本の戦争能力破壊のため鉄鋼、工作機械など基礎工業の四分の三を撤去、日本の保有船舶を百五十万tに制限し、極東以外の諸港への商業就航を一切禁止し、さらに一切の軍需産業の禁止、電力生産設備の少なくとも五割を除去する」などと述べていた。

GHQは、米本国の指示に従いポーレー報告書の実行を進め、同時並行して日本経済の復興を行う必要があった。そこでまず鉄鋼生産と石炭の増産を重点とした傾斜生産をおし進め、次に食料生産（農業生産）に欠かせない肥料生産を加えて、日本産業の復興をはかった。しかしこのような産業構造では必然的に生活用品は欠乏し復興資材の不足、環境整備の遅れをきたし復興は遅々として進まず、闇取引・闇市場が横行した。

不足物資（特に食料品）はガリオア・エロア資金に頼り、米国から輸入し、また闇機関を通して密輸も行われた。日本の大企業は、戦時中の軍需物資の生産に必要な鉄・銅・アルミや砂糖などを大量に隠し持っていた。これは隠匿物資《いんとくぶっし》と言われていて、GHQはこの隠匿物資を摘発するために、東京、名古屋、大阪地検に特捜部を設けた。（この特捜部が後に米国と関わりを持つ疑獄事件や政治事件に深く手を入れている）

このような対日経済政策のもとでは、日本の復興どころか、食料や日用品の不足は深刻となり人々の生活を脅《おびや》かし、物価は高騰してひどいインフレに陥った。人々は全国各地で怒りの声を上げ「米よこせ」とか「飢餓には耐えられぬぞ」「首切反対」「賃金上げろ」といった声が谺《こだま》した。労働者は労働組合に結集し、こうした全国の人々の怒りの声を背にゼネストを計画して決行しようとした。

農地改革

戦前の農地所有制度は、「封建遺制」と言われ地主は小作人を農奴の如く扱っていた。戦後間もなく幣原《しではら》内閣はＧＨＱの意向を受けて農地改革に取り組んだ。一九四五年十二月十八日成立した第一次農地改革法の要点は次のようなものであった。

一、小作料を金納・低率化する　二、農地委員会を改組・拡充する　三、強制譲渡方式により自作農を創設するとしていた。

解放される農地は不在地主の全貸付地と在村地主の貸付地のうち五町歩を超過する部分とされた。解放対象面積は約九十万町歩で、これは全小作地の三六％に相当していた。

この改革に対し、ＧＨＱは不満を示し、より徹底した改革をすべきだと要求し、日本政府に勧告案を示し実施を求めた。第二次農地改革法である。その要点は、

一、不在地主の全貸付地と、在村地主の貸付地で保有限度（北海道で四町歩、都府県で平地一町歩）を超える部分を国が強制買収し、それを小作農に売り渡す　二、残存小作地については、小作料を金納化するとともに最高小作料（田は収穫物価額の二五％、畑は一五％）を設け小作料の高騰を防ぐ。また小作契約の文書化を義務づけるとともに、耕作権移動に対する制限を強化し知事の許可制とする　三、農地買収・売渡しの実務に当たる市町村農地委員会の階層別委員構成を、地主三、自作農二、小作農五とするであった。

この農地改革は、小作料負担の軽減によって農民の生産意欲を促し、生産効率を高めて農業生

産力を向上させようとするものであり、この制度を恒久化するために、地主制復活阻止、自作農体制維持をはかる農地法が一九五二年に制定された。日本の経済・政治体制のなかで、地主と小作人の間の債権債務関係及び生活全面にわたる支配体制といった主従関係があり、しかも地主は日本の経済・政治体制の主要な勢力であった。GHQとしては、日本の経済・政治の「民主化」をすすめる上で、農地改革は重要な「改革政策」であった。

国連と日米関係

一九四五年十月二十四日　国際連合が設立された。国際連合（国連）は、ドイツが連合軍に降伏し、日本の敗戦も近しと見た米国が、戦勝国による戦後処理を、米国主導によってすすめるために創設しようとした組織であった。

国連はその目的として「国際間の平和と安全を維持し、平和と民族白決の原則に基づく諸国間の友好関係の発展を育成し、国際間の経済・社会・文化・人道的問題を解決するうえでの国際協力を奨励する」としていた。

国連は、一九四五年二月のヤルタ会談で、チャーチル（英国）、スターリン（ソ連）、ルーズベルト（米国）が国連憲章の原案を討議して作成し、「国際機構に関する連合国会議」で国連憲章としたものを基本方針とした。

国連の主要機関は、総会、安全保障理事会、その他三理事会と事務局である。国連総会は国連の全加盟国の代表からなり、総会は毎年開催される。安全保障理事会は常任理事国五カ国（米国、ロシア、英国、フランス、中国）と非常任理事国十カ国で構成されており、常任理事国はいずれも拒否権を持ち、形式的な事柄ではなく実質的な内容を持つ事柄については拒否権を発動することができるとしている。

米国はこの国際連合を利用して、自国の利益のために、様々な策動を行った。例えば、米国が中東の石油支配を狙って、その橋頭堡としてパレスチナの地に「イスラエル」という傀儡国を作って国連に認めさせ（一九四九年五月）、その後イスラエルが近隣諸国に不当な侵略を行ったり、パレスチナの人々に暴虐の限りをつくすことに対して、国連が非難決議をし、或いは停止命令を行ってもその都度米国は拒否権を使った。一方では、一九四九年十月に成立した中華人民共和国の国連加盟を妨害し続け、一九七一年になってようやく国連に承認させた。

一九五〇年六月、かねてから米国が企んでいた朝鮮侵略の策動のもとで、北朝鮮（朝鮮民主主義人民共和国）軍と「韓国」軍・米軍の間で軍事衝突が起こった。米国は早速国連の名で朝鮮へ出兵する大義名分を立てようとして、ソ連が欠席していた留守に、緊急安全保障理事会を開かせ、米軍を「国連軍」として朝鮮に派遣することを決定したのである。

また国連の加盟国が世界のほとんどの国に及ぶようになると、国連は米国の意のままには動かなくなってきた。すると米国は二〇〇三年三月のイラク侵略戦争の開始に当たって、国連の決議なしにイラクへ進撃した。

米国はこのようにして自国の利益のために国連を利用してきたが、サンフランシスコ講和条約を締結して日本が形式上独立国として国際的に認められるようになったとき、米国は国連の名と役割を日米安保条約に盛り込み、国連を通して日本を間接支配（従属関係に）することにも利用している。

占領政策と天皇

一九四六年一月、天皇の「人間宣言」が詔書という形で出された。詔書は天皇・マッカーサー会談の延長線上にあったと言えよう。天皇の権威を利用して占領をスムーズに進めたいGHQと、「国体護持」（天皇と皇室・天皇制を護ること）を保障してもらいたい天皇と宮中を中心とした資本家・政治家達との利害が一致して合作されたものである。

詔書は冒頭に「五箇条の御誓文」（明治政府の出発に当たり、天皇の名で新政府の基本方針を述べたもの）に触れており、後半に天皇は「現人神《あらひとがみ》」に非《あら》ずと宣言している。天皇は神の後継であり神そのものであると教えられ信じてきた人々に親近感を持たせ天皇の権威を身近に感じさせようとしたGHQの思惑を反映した詔書であった。

続いて一九四六年二月、GHQは天皇に全国を巡幸させ、人々が占領軍の圧政のもとで息苦しく貧窮生活を強いられるなかで、次第に強まってきつつあった反米感情を抑え慰撫しようとした。またGHQは、新憲法草案を他国の介入を排して独自に作成しようとしており、その柱の一つとして象徴天皇制によって天皇制の維持を目指していた。そのために天皇に対する日本人の支持の強さを内外に印象づけようとする意図をもって天皇巡幸を図った。天皇巡幸は占領政策に反対し、貧困に対する反抗、反米感情の高まり、日本の早期独立を求めるたたかいの発展を抑制するために役立つものとして行われたのである。

新憲法の制定

占領下の諸改革の中心となったのは、日本国憲法の制定であった。幣原《しではら》内閣の手で作成され、GHQに提出された憲法改正案は、明治憲法を幾らか手直しした程度であった。GHQはこれを拒否し、国民主権や戦争放棄の原則を盛り込んだ新憲法案を示し、政府はこれをもとに草案を作り、帝国議会の審議を経て一九四六年十一月三日に日本国憲法を公布し、翌年五月三日施行となった。

この間草案をめぐって、GHQのホイットニー民政局長は吉田外相らに対して、GHQ作成の憲法草案を受け入れるよう強く要請した。ホイットニーは「先日あなた方が提出された憲法改正案は、自由と民主主義の文章として最高司令官が受け入れることはできない。ここに持参したGHQ作成の憲法草案をお渡しします」「最高司令官は天皇を戦犯として取り調べるべきだと言う他国からの圧力から天皇を守ろうとしています。新しい憲法が受け入れられれば天皇は安泰だと考えています。これを受け入れられることによって日本が連合国の管理から自由になれる日が早くなるだろうと考えています。この憲法草案を受け入れることがあなた方の生き残る期待が達せられるのです」と、いわば脅しのような態度で草案を吉田外相に渡した。

昭和天皇はこの憲法改正について、マッカーサーとの会見で「この憲法制定に関しては貴将軍にひとかたならぬご指導を与えられたことを感謝いたします」と言っている。

この日（一九四六年二月十三日）に草案を受け取った吉田外相は、五月二十二日に首相となった。吉田が首相となる直前の五月四日、鳩山一郎が首相として組閣の準備に取り掛かっていたとき、GHQによって公職追放（好ましくない人物の公職よりの除去）された。急遽吉田茂が登用され首相の座に着いた。吉田内閣の最重要任務は新憲法制定であった。

インフレ

ＧＨＱの対日経済政策は、日本の復興の進展を阻害し、生活物資の欠乏、復興資材の不足、生産の停滞をきたし、急速にインフレが高進していった。ＧＨＱはインフレ抑制のため日本政府に「金融緊急措置令」を、一九四六年二月十二日公布・施行させた。その目的はインフレ抑制、食糧難打開であり、預金封鎖と新銀行券（新円）への切り替えであった。引き続き三月には、重要な商品価格やサービス料金の統制を行うために「物価統制令」が公布された。

人々は預金封鎖・新円切り替えによって買う物も自由に買えず、買おうとしても生活必需物資が欠乏しており、おまけに公定価格はあっても闇取り引きが横行し、ますますインフレは高進して人々の生活は困窮の一途をたどった。

全国各地で「米よこせ」「飢餓を強いるな」「賃金上げろ」など怒りの声が上がり、人々は労働者を中心にメーデーへと結集していった。一九四六年五月十九日、皇居前広場でメーデー中央集会が開催され、約二十五万人の労働者・市民が集まった。この集会は「飯米獲得人民大会」と言い、十六項目の決議文を採択し、デモ行進を行った。デモ行進では数多くの多様なプラカードがかかげられ、沿道の人々の注目を浴びたが中でも「詔書　国体はゴジされたぞ　朕《ちん》はタラフク食ってるぞ　ナンジ人民　飢えて死ね　ギョメイギョジ」と書かれたプラカードは、参加者の痛切な思いをあらわしていた。

日本政府は仰天し、不敬罪で告訴した。ＧＨＱは戸惑い不敬罪は民主化政策に反するとして名誉毀損罪の適用に変えさせた。このメーデーを契機に労働者の自覚が高まり、敵を明らかにして団結し、組織的な闘争が発展し、その力は一九四七年二月一日を期して全国の官公労組を中心に数百万の労働者が参加するゼネストの組織化へと前進していく推進力となった。

二・一ゼネスト

日本の労働者・人民の生きる権利さえも奪おうとするかのような米国・ＧＨＱとその下請け機関となっている日本政府の抑圧政策に対して、労働者を先頭に人々のたたかいは次第に広く強く盛り上がっていった。たたかいは各地での集会やストライキに結集され、全国的に大きく発展し激化した。こうした情勢の中で首相となった吉田茂は、労働者の団結したたたかいを、「不逞《ふてい》の輩《やから》」のしわざだとののしった。これは働く人々すべてに対する侮辱であり、ＧＨＱの代弁を行ったものだとして、怒りの声と行動が起こり、全国的な労働者の結束が強まった。

首相吉田茂は、戦時中外交官として中国へ派遣されており、吉田は日本財閥（資本家集団）の手先として忠実に任務を果たし、資本家と共に極端な反共主義者であった。一九三六年駐英大使となり、米英その他の国の資本家達の連携の役を果たしていた。戦後の日本処理に当たってGHQは「米国の言うことは何でも聞く」政治家として第一に吉田茂の名をあげた。吉田はまた天皇に対して自らを「臣茂」と称し、天皇に絶対服従する意思を明らかにしており、これはGHQにとって実に好都合で、しかも吉田は「有能な」官僚として佐藤栄作や池田勇人らを従えており、GHQは彼らを有用な人物として登用した。

労働組合の二・一ストに向けての闘争の組織化は急速にすすみ、一九四七年一月九日には、全官公庁労組拡大闘争委員会で二・一スト実施を決定し、一月十五日には、産別・中立系四百万人を結集して全国労働組合共同闘争委員会を結成して二・一ストにそなえた。一月二十日には産別会議議長聴濤克己《きくなみかつみ》が暴漢に襲われるといった事件も起こった。

一月二十八日、共闘委員会が吉田政府に対して生活権確保と吉田内閣の退陣を求める最後の交渉を行い決裂した。同日皇居前広場で吉田内閣打倒・危機突破国民大会が開催され、三十万人が結集して二・一スト突入の態勢をととのえた。全国各地でも同様に二・一スト決行の意思統一がなされた。

こうした激動情勢に重大な危惧をいだいたＧＨＱは、一月三十一日軍隊の出動態勢を背景に「二・一ゼネスト」を中止せよと命令した。共闘議長井伊弥四郎は銃剣の脅しでマイクの前に立たされ、涙ながらに「二・一スト」の中止を告げた。

マッカーサーの強権発動は、二・一ストの中止命令だけでなく、情勢の重要な局面ではしばしば発動が行われたのである。一九四七年三月五日ＧＨＱは吉田政府に対して、農家の主食供出を強制的に完遂させよと命じた。そこで内務大臣は警察部長会議で、主食供出に警察力を出動させ取り締まるよう訓示した。いわゆる「強権供出」である。米軍も協力すると言って武装兵士をジープで農村に送り込み、農家に押し入り銃剣で脅して主食を強制的に供出させた。これを見て人々は「ジープ供出」だと言ってＧＨＱの非を鳴らした。

米ソの対立・冷戦

この頃国際情勢は大きく変動した。第二次世界大戦の中でも米ソの関係は「持ちつ持たれつ」であったり、裏ではきびしく対立するといった状況であった。第二次大戦後、東欧やアジア・アフリカで民族独立のたたかい、運動が勢いよく発展し、次々と民族国家が誕生していき、その多くは社会主義体制をとった。植民地であった国の中には、宗主国とは縁を切り、或いは対立する国も多くあった。その多くは社会主義ソ連と友好関係を結び或いは連邦国となった。

歴史的に米ソの対立は長く潜在的であったが、その対立を決定的にしたのは、一九四五年七月十六日の米国の原爆（核）実験の成功であったと言われている。トルーマンはその時ポツダムに滞在していて実験成功の報告を受け取った。トルーマンはポツダム会談の中ではそ知らぬ顔をし、勿論ソ連には絶対に知られないように振舞った。ポツダム宣言を発してただちに帰国したトルーマンは、世界で最初の原爆投下を日本で実行するように命じた。

トルーマンに与えられた日数はわずかであった。ヤルタ会談で約束したソ連の対日参戦は八月九日前後になると予想されており、それより前に日本に原爆投下することによって、原爆の破壊力の強烈さ、その被害の広範・悲惨さを世界に示し、なかんずくソ連に脅威をあたえ、その力を誇示して米国が日本を単独占領しようとしたのである。その為の日本の犠牲は甚だしく、広島（八月六日）、長崎（八月九日）に投下された原爆によって一瞬にして数十万人が熱線と放射線によってむごたらしく殺され、建物は破壊し尽くされ、樹木は焼け枯れた。その後遺症（原爆症）は今日に及んで被爆者を苦しめている。

このようにして米国は日本を単独占領した。その後、アジア・アフリカ・中南米に次々と独立国が成立し、社会主義を名乗り或いは社会主義ソ連に接近するといった情勢の大きな変化が起こった。アジアの大国である中国が社会主義国として誕生するのを目前にして、米国は強い懸念をいだき、その芽をつみ取ろうと企み、その突破口を朝鮮民主主義人民共和国（北朝鮮）に見出し、朝鮮半島を我が物にして、ここを最前線としてソ連—中国と対峙しようとした。

対日政策の転換

このような情勢のもとで一九四七年三月トルーマン大統領は、共産主義勢力の拡大と戦うとして「トルーマン・ドクトリン」を宣言した。宣言は「共産主義勢力と戦うギリシャ・トルコの両政府を支援する」と述べ、共産主義勢力の進出によって「どこであっても、直接・間接を問わず平和が脅威を受ける場合には、米国の国防に関わるものとみなす」と表明した。

こうして米国は世界戦略を大きく転換させ、米国のアジア戦略も大きく変化した。一九四八年一月六日、米国のロイヤル陸軍長官は演説を行い、日本を対ソ戦の防波堤として使うと宣言した。その内容は「東アジアでは将来、ソ連とのあいだで戦争が起こる可能性がある。そのときには日本を防波堤として使う必要がある。そのためには日本経済を、少なくとも自給自足できるレベルにまで引き上げておく必要がある」と述べている。

その上で「共産主義の脅威」に対処するため、日本の工業力を利用しようとして、日本経済の実情を把握し、こうした新しい方針をどう具体化するかを調査・実施するために、ドイツと日本の占領政策実施の責任者・ドレーバー陸軍次官が来日した。

ドレーバーは一九四八年四月二十六日、日本の産業に対するあまりに過酷な政策をやわらげるようフォレスタル国防長官に勧告した。

そして十月、米国の国家安全保障会議は「アメリカの対日政策に関する勧告」をつくり、政府はそれを承認した。米国は日本経済を本格的に復興させ、対ソ戦の防波堤となり、北朝鮮を支配するためのたたかいの後方支援のできる国にしようとした。そこでトルーマン大統領は、デトロイト銀行の頭取であり経済学者のドッジに、日本経済を復興させるよう依頼した。

ドッジは日本政府に「経済九原則」を示して、これを実施した。その主な内容は、政府の財政支出をできるだけ切りつめ、重点産業（新しく指定）を中心に広い分野に多額の融資と補助金を出す、物価や物資を国が統制する法令をつくって取り締まる、食糧の確保につとめる、特に米の供出は徹底的に行う、労働者の賃金を安定させることなどであった。

日本政府はこの九原則を忠実に実施するように努めた。程なく重点産業では生産過剰となり、それ以外の産業では復興さえも不十分であった。融資は重点産業に片寄り、幅広い分野で産業の復興・興隆に役立たず、物価や物資を国が統制したため、人々は最低限生きるために闇物資、闇食料、闇市場に頼らざるをえず、インフレはますます高進した。米の供出を強制するために、警察官が動員され、米軍までがジープで銃剣を持って農家に押し入った。

同じく一九四九年秋、このような経済政策の財源確保のために財政学者シャウプが日本に派遣された。シャウプは税制改革のために「シャウプ勧告」を行った。その内容は、それまでの税制が「総合（包括）税制」であったものに対して「個別（個人）税制」にするというものであった。税制度を細分化して、所得税、市町村民税、保険税、売上税、固定資産税、法人税等々数多くの税制を設け、「金目のもの」「金《かね》が動けば」すべて税金の対象にした。すべての人々個々人から税金を取り立て、法人税は減税するというものであった。

当時は戦後間もない頃で、多くの企業では戦災による破壊からいかにしてたち上がろうかと労働者は懸命の努力をしており、企業は専門外の仕事でもやれることはやってみる、といった状況にあり、新たに起業しようとするものも暗中模索の状態であった。

しかし米国の中国侵略、対ソ戦をにらんだ北朝鮮への侵略戦争の準備、その一環として日本の工業の復活・米軍の兵站《へいたん》基地化計画は着々と進んでいった。そのために利潤に恵まれる大企業と苦しみながら自力復興に努める企業との間の差は大きく開き、企業間の競争は激化し、いずれにしても労働者は過酷な労働を強いられ、低賃金で搾取された。

一九五〇〜一九六〇

警察予備隊

朝鮮戦争
自衛隊創設
講和条約
人民の決起
「破防法」など人民弾圧法制定
疑獄事件
再軍備進む
教育反動化
民族独立――社会主義へ
帝国主義国の再侵略
沖縄基地強化
米国の対ソ戦略
日ソ交渉
岸信介の起用
岸内閣の成立
教育の反動化と「教え子を戦場に送るな」

朝鮮戦争

こうして日本の産業構造は大きく転換し、米国の戦争準備（対北朝鮮）は着々と進み、在日米軍の増強と米軍基地の強化を補完する体制へと整えられた。

戦争になれば、真っ向う反対するのは、革新政党であり、労働組合である。GHQは戦争反対勢力を事前に抑え込もうとして一九四八年七月「政令二〇一号」を政府に出させ、「国家・地方公務員の団体交渉権・スト権否認」を強制し、同年十一月三十日人事院を設置して政令二〇一号の具体化として、国家公務員の争議行為などを禁止した。人事院は一九四九年九月、公務員の政治活動を制限する規則を作り、公務員の口を塞ぎ、手足を縛って政府の政策に反対することを許さず、政府の方針を忠実に実行することを強制した。

占領政策の転換による経済のひずみは全て労働者に転嫁され、低賃金・過重労働が強いられ、合理化による首切りが強行された。一九四九年五月、公務員約三十万人を行政整理（首切り）と発表、七月には国鉄第一次人員整理三万七千人、第二次六万三千人と発表、八月、郵政・電通人員整理二万七千人通告、民間でも東芝が四千六百人の人員整理を発表し、他の大企業も次々と人員整理に踏み切った。当然労働者は憤激し、官公・民間でストライキを含む実力行使の闘争が発展した。

一方で、七月六日国鉄総裁下山定則が常磐線の線路上で轢死体となって発見される事件が起こり、十五日には中央線三鷹駅で無人電車が暴走するという事件が起こった。同八月十七日東北本線松川駅近くで列車転覆事件が起こるなど、謀略事件を思わせるような事件が連続した。

すると間を置かず、八月十八日官房長官増田甲子七《ますだかねしち》は「集団組織による計画的犯行と思われる」と発表。翌月から、共産党員、国鉄・東芝などの労組員が次々と逮捕された。戦争準備に反対するたたかいを事前に圧殺しようとするものであった。

一九五〇年一月、マッカーサーは「憲法は自衛権を否定していない」と声明、それに呼応してブラッドレー統合参謀本部議長が来日し「沖縄基地を強化し、日本の軍事基地化を急ぐ」と発表した。二月には沖縄を恒久基地化する建設が開始された。一方では共産党非合法化が検討され、米本国では、「マッカーシー旋風」（赤狩り）が吹き荒れ、「非米活動委員会」もそれに呼応して動き、政官界や市民生活の中にまで「赤狩り」が行われ、反戦勢力を根こそぎしようとした。日本でも「レッドパージ」の準備が進められていた。

米国は、朝鮮半島で戦争が起これば、日本を兵站基地として役立たせることは勿論、日本を独立国として自立させ、米国に全面的な協力ができるよう、講和条約を結ぶことを急いだ。米国中心の「単独講和」を強行しようとしたのである。吉田政府はこの方針を全面的に支持した。しかし革新政党をはじめ労働組合や広範な人々の中からは「単独講和反対」「全面講和を実現せよ」という声が大きく広く上がった。吉田首相は全面講和を支持する南原東大総長を「曲学阿世《きよくがくあせい》の徒」だとののしった。

このような朝鮮半島に向けての戦争準備が日本を最前線基地とし、米国を本拠地として着々と進められているとき、一九五〇年六月二十五日南北朝鮮を分かつ三十八度線付近で、北朝鮮軍と「韓国」軍＋米軍の間で軍事衝突が起こった。米軍はただちに兵を増強し朝鮮半島に大軍を送り込んで、朝鮮半島の占領を企み、国連にソ連が欠席していることを利用して緊急安保理事会を開かせ、「北朝鮮の侵略」だと決議させ、米軍を「国連軍」として、日本の基地で戦闘準備を整えていた数十万の軍隊が仁川に上陸作戦を敢行し、朝鮮半島全域での戦闘となった。中国は米国の侵略の意図を察し、義勇兵を募って義勇軍として北朝鮮軍を援護し戦闘に加わった。このときマッカーサーは吉田に旧日本軍人の動員を要請し、吉田はそれに応じて旧日本軍人や民間人を動員し、米軍の指揮下で掃海作戦や後方支援・死体処理などに従事させた。

戦闘はおよそ二年余りにわたって激烈にたたかわれた。日本を基地として飛び立ったＢ29は、戦線が入り乱れている中を、無差別に敵とおぼしきものは人や動く物・住居・建物・森・山河などに爆弾の雨を降らせた。朝鮮戦争の戦後すぐに上空から朝鮮半島を視察した米軍の高官は「日本を空襲で焦土としたが、これは比較にならない程の大破壊だ」と言ったと報じられた。

戦争は長びき、両軍は朝鮮半島の三十八度線を境に攻防を繰り返すようになり、膠着状態になった。

一九五三年七月二十七日板門店において休戦協定が結ばれることになった。休戦協定には米軍のハリソン中将と北朝鮮軍南日大将が調印した。休戦協定は「両者は早急に平和条約締結に向けて手続きを始めること。朝鮮半島から直ちに外国軍隊は撤退すること」を定めた。

しかし米軍は、休戦協定以来今日迄「韓国」に駐留し、核兵器を配置して北朝鮮だけでなく中国・ロシアに対する核の威嚇を続けている。

大量の米軍が朝鮮侵略戦争に参加するや直ちに日本の大企業に車両などの大量注文が入り、兵器の整備、修理や部品の取り替え補給の要請が舞い込み、運輸業にもフル運転の要請があって、日本の鉄鋼産業・自動車産業などや海陸運送業は大いに潤った。また米本国では軍需産業のフル回転によって繊維産業その他の生活用品の生産が影響をうけ、外国からの輸入に頼らざるを得なくなった。日本の繊維産業は大いに活況を呈し、「糸へん景気」と言われ「金《かね》へん」も好景気にわいた。資本家達は、これを「朝鮮特需」として歓迎し、一挙に日本産業の戦後復興を成し遂げた。しかしこれは、日本人民を含むアジア人民――特に朝鮮民族の血の代償であることを忘れてはなるまい。

米国の野心の露骨なあらわれである朝鮮侵略戦争に対して、日本各地で労働者を先頭に「朝鮮侵略戦争反対」「原子爆弾を使うな」「核兵器をなくせ」という声が上がり集会が開かれた。特筆すべきは朝鮮戦争の最中《さなか》一九五〇年八月六日広島において「戦争反対・核兵器廃絶」をかかげた集会が開かれ同趣旨のビラが市民に向けまかれ、しかもそれは米軍と日本警察が戒厳令に近い厳重な警戒網を張った中でのたたかいとして重要な役割を果したのである。その基本方針と思想は今日なお「原水爆禁止」「核戦争反対」の世界的な運動の中に生きている。

自衛隊創設

一九四九年三月一日、米統合参謀本部は覚書きをマッカーサーに送り「日本防衛における米国の負担を軽減する観点から、日本軍の創設が望ましい」と述べ日本の再軍備をすすめるよう促した。

朝鮮戦争が始まれば、日本駐留の米軍は朝鮮半島に出動し、空白となる日本の防衛を日本軍で充足しようというのである。

一九五〇年七月八日（朝鮮戦争開始直後）マッカーサーは吉田首相に書簡を送り「日本政府に、政府直属の国家警察予備隊七万五千人と海上保安庁要員八千人の増加の権限を与える」と述べ、警察予備隊という名で日本軍の創設を要請した。日本政府は八月に警察予備隊を創設し、一九五二年四月に海上保安庁に海上警備隊を設置した。同年七月には保安庁法を制定し、保安庁を設けて警察予備隊を保安隊と改称した。海上警備隊は警備隊として保安庁の管轄下に移った。

一九五四年六月防衛庁設置法および自衛隊法が成立、翌七月から新たに航空自衛隊が設置され、陸、海、空の三自衛隊が発足した。

このようにして米国は、自らが原案を示して制定させた日本国憲法の「戦争放棄」に違反する再軍備を苦しまぎれに「警察予備隊」というよび名で人々を騙しながら、改めて日本に軍隊を復活させ、米軍への支援・協力を強引に押し付けた。

再軍備反対、朝鮮戦争反対の声は、日本の津々浦々から起こり、労働組合は実力行使を含む反対闘争を発展させた。日教組は一九五一年一月「教え子を再び戦場に送るな」というスローガンを決定し、教育現場で子供達と共に平和教育をおしすすめ、教職員は他労組とスクラムを組んで戦争反対闘争にたち上がった。この精神は今日なお教職員の中に生き続けている。

講和条約

一九五〇年九月十日トルーマン大統領は「対日講和条約のため、関係諸国と予備交渉を開始する」と発表した。米国は朝鮮戦争が始まると直ちに、在日米軍を増援部隊として朝鮮半島に送り込み、日本における米軍の空白を埋めるとともに、日本を独立させて軍備を持たせ、米軍の支援ができるようにするために講和条約の締結を急いだ。

米国は対日講和の方針として「再軍備に制限を設けない。経済と通商の自由を最大限認める。国連加盟などの参加を認める」「米軍が日本に駐留することの許可を得る」と定めた。

この方針に従って一九五一年一月二十五日、ダレス国務省政策顧問を日本に派遣した。ダレスの日本政府との交渉にのぞむ基本姿勢は「われわれは日本に、われわれが望むだけの軍隊を、望む場所に、望む期間だけ駐留させる権利を確保する」ということであった。

早速ダレスは吉田首相と会談した。ダレスはできれば日本政府の方から米軍駐留を申し出るという回答を得ようとした。吉田はこれに正面から回答しようとしなかった。ところが、このダレス・吉田会談の様子を聞いた昭和天皇は、自分の考えを口頭メッセージとして宮内庁の松平康昌に託しダレスに伝えた。口頭メッセージは「講和条約についての取り決めは、日本国民を真に代表し、永続的に両国の利害にかなう講和問題を解決するため何らかの諮問会議の決定をされるべきであろう」というものであった。要するに吉田首相ではだめであり、他の者（天皇自身をふくむ）で話し合いができると言っている。このメッセージを聞いたダレスは、天皇の言ったことを文書にして欲しいと申し出た。

そこで天皇は「仮に彼ら（吉田以外の者）の考え方を表明する立場にいるならば、基地問題をめぐる最近の誤《あやま》った論争も、日本側からの自発的なオファによって避けることができるであろう」と文書によって回答した。吉田首相らが、基地と米軍駐留について米国側の要請をことわっても、天皇の責任で受け入れると言ったのである。

そこでダレスは、天皇との会談を求め、一九五一年二月十日に天皇・ダレス会談が行われた。ダレスは改めて「日本側の要請に基づいて、米軍が日本とその周辺に駐留すること」を確認し、天皇も同意した。

ダレスは講和条約とそれに関連する条約の骨子を確認して帰国した。講和条約は一九五一年九月八日、サンフランシスコにおいて、ソ連、中国、インドなど不参加のまま、米英などを中心とした「単独講和」として調印されることになった。ところが、米国の対日講和の基本方針である「再軍備に制限を設けない。経済と通商の自由を最大限認める」「米軍が日本に駐留することの許可を得る」ということと、それをもっと具体化し、日米関係の中心問題となるダレスの「われわれは日本に、われわれが望むだけの軍隊を、望む場所に、望む期間だけ駐留させる権利を確保する」という内容は、講和条約とは別に用意された「日米安全保障条約」に盛り込まれていた。

一九五一年九月八日講和条約調印のために吉田首相が全権大使としてサンフランシスコに送られた。講和条約はサンフランシスコのオペラ・ハウスで、ソ連や中国・インドなどを除く連合国の米・英・仏などの代表と吉田全権が調印して結ばれた。

ところが講和条約調印のすぐあと、吉田はサンフランシスコ郊外の米国陸軍第六軍の基地に案内され、そこで日本の人々にはほとんど知らされていない「日米安全保障条約」に調印した。

日米安全保障条約は、日本全土における米軍基地の自由使用を認めること、米国は有事に出動するが日本の防衛義務は負わない、といった内容であった。この日米安保条約にもとづいて駐留する在日米軍と米兵他の法的地位を定めた協定「日米行政協定」が一九五二年二月二十八日に調印された。その内容は占領中に使用していた米軍基地の継続使用や、米軍関係者への治外法権、有事での日本軍（自衛隊）が米軍の統一指揮権のもとに入るなど、占領中の米軍の権利をすべて認めるものである。それは今日なお引き続いている。日米安保条約は日米行政協定（一九六〇年一月十九日に日米地位協定と名称を変え継続）と一体となっており、ダレス・天皇会談その他で協議された内容が核として盛り込まれている。

この三つの条約・協定について及びその後の日本の「サンフランシスコ体制」について元外務次官の寺崎太郎は、次のように述べている「日本が置かれているサンフランシスコ体制は、時間的には平和条約（講和条約）——安保条約——行政協定の順でできた。だが、それがもつ真の意義は、まさにその逆で、行政協定のための安保条約、安保条約のための平和条約でしかなかったことは、今日までに明らかになっている」と、つまり本当の目的は最後の行政協定にあり、三つの条約・協定がそうした形で一体となっていると言っている。

即ち、ダレスが対日講和の基本方針としていた「われわれは日本に、われわれが望むだけの軍隊を、望む場所に、望む期間だけ駐留させる権利を獲得する」ことを、日本側の要請として得た、というそのことが行政協定に最も具体化されており、安保条約にも講和条約にもその基本方針が貫かれているのである。

今日言われている安保体制は、新憲法下許されない「天皇外交」のもとで、日本は米国に服従するという盟約によって形成されたのである。しかも天皇は「沖縄（および必要とされる他の諸島）に対する米国の軍事占領は、日本に主権を残したままでの長期租借《そしゃく》——二十五年ないし五十年、或いはそれ以上——の擬制《ぎせい》（フィクション）にもとづいてなされるべきだと考えている」ということまで米国に提言し、米国はその通り実行した。「沖縄犠牲」といわれる（平成の天皇もそう言っている）が、それはサンフランシスコ講和条約に関連して生じ、今日に及んでいる。

人民の決起

このような占領軍（GHQ）の圧政と日本の上層部・政治家達の保身のための反動政治に対し、全国各地で労働者・人民の怒りは、マグマのように各所で噴火し、人々のたたかいは折からの「朝鮮侵略戦争」に反対し、平和と生活を守るため集会やデモ、ストライキなどのたたかいとして発展した。

一九五二年六月二十四日、大阪府豊中市で労働者を中心に約千人の人々が「朝鮮侵略戦争反対」「軍需物資輸送反対」をかかげて集会を開催し、国鉄吹田駅までデモ行進を行った。この集会・デモを弾圧しようとして出動した警官隊と衝突、警官隊は暴力的に多数の労働者を逮捕し、大阪地検はその中百七人を起訴したのである。

また同年七月七日、ソ連、中国を訪問した帆足代議士らの帰国報告会が、名古屋市大須球場で開催された。報告会の後、参加者がデモ行進を行い「朝鮮戦争反対」「戦争協力をやめろ」などのスローガンで沿道の人々にアピールした。この隊列に警官隊が襲いかかり大混乱に陥り、デモ参加者の多くが逮捕され騒乱罪で起訴された。

大阪でも帆足代議士らの報告会があり、前以て待機していた警官隊に妨害された。

このように全国各地で、戦争反対、米軍基地を撤去せよといった集会・デモが数多く行われ、各地で警察権力の弾圧が強行された。一九五二年九月、政府は石川県内灘村に米軍射撃場を設置するために、砂丘地を含む土地の接収を石川県に申し入れた。県議会と内灘村議会は反対を表明した。政府は補償金を出すなどで説得をはかったが、村民は「金は一年、土地は万年」という声を上げ、着弾地近くに座り込みをはじめた。「安保体制」に反対してたたかっている全国各地の労働者・学生・文化人などが危機感をもって内灘米軍射撃場反対のたたかいを支援し参加し、地元の北陸鉄道労組は軍需物資輸送拒否のストライキを行って共同闘争に参加した。これは全国で展開されている米軍基地反対闘争を大きく激励し、反動政治を強制している日本政府及び米国に少なからぬ打撃を与えた。このようにして「戦争反対」「米軍基地撤去」のたたかいは、その後の「日米安保」に反対するたたかいの中に生きて受け継がれていった。

「破防法」など人民弾圧法制定

前述のような労働者・人民の決起とそのたたかいの発展に危機感をいだき、脅威を感じた日本政府は、米国の意向を体して、労働者・人民の言動を規制・弾圧する法律を次々に強行制定した。

政府は一九五二年四月、「破壊活動防止法案」を国会に提出した。これは、内戦、陰謀、それらの予備・幇助《ほうじょ》・教唆扇動などを「暴力主義的破壊活動」と規定し、それらを宣伝する文章・図画の印刷、領布、提示なども取り締まるとしている。公安委員会が破壊活動をすると認めた団体の解散、それら団体による集会・デモの禁止、機関紙発行の禁止、役職員の追放、実行した個人に対する禁錮七年以下の刑も規定されている。

この法律は戦前の「治安維持法」の復活を思わせる人民弾圧法案であり、「ダマレ！」と一喝して、反対する者・団体は全て「牢屋」に放り込むぞというものであった。

国会では野党がこぞって反対したのは勿論、公聴会に出席した学識経験者らも「言論の自由に対する弾圧法」だとして強く反対の意見を述べた。総評傘下の労働組合は破防法反対のストライキを数次にわたって決行し、約百十万の組合員がこれに参加した。

そうしたなかで同年七月この法律は強行採決され公布された。この法にもとづき、公安調査庁が発足し、人々の言論・思想の自由を監視・束縛・弾圧する体制がいっそう強化された。さらに警察予備隊を保安隊とし（一九五二年十月）、一九五四年七月には自衛隊法により自衛隊となった。自衛隊は再軍備そのもので、明らかに憲法に違反し、日本軍の再建であり、しかも自衛隊は米軍に従属するという位置づけにされているのである。

このような一連の軍国主義化の流れは、吉田内閣が占領軍の意向を受け、占領終結に向けて国内法の見直しを進めたことに始まっている。吉田内閣は「追放」の解除（一九四八年五月）と公職への復帰を進め、労働・行政・教育・警察などの各分野で行われた「民主化政策」を中止し、戦前的な権威主義や中央集権を復活させた。これが朝鮮戦争を契機とした軍国主義の復活であり、日本の再軍備であった。一九五六年には教育委員を任命制にし、教科書検定の強化をはかり、青少年に反動教育・軍国主義教育を強制するといった反動教育行政がおし進められた。このような吉田内閣を使った米国の対日政策の転換を「逆コース」とよぶ人もいる。

戦前・戦中政治への回帰は、「親方日の丸」という政治と企業の癒着・腐敗を生む。それは競争社会である資本主義社会の必然の結果である。

疑獄事件

前述のような米国の反動対日政策に翻弄される日本政府とその政策の実施の中で利益を漁《あさ》る日本の資本家が、共謀して不当な利益を得ようと画策し、実行した汚職事件が発覚したのである。

一九四八年　食糧増産政策に関する復興金庫と肥料メーカーが昭和電工との間の二十億円にお

よぶ財政資金をめぐる贈収賄事件が発覚した。六月二十三日当時の昭和電工社長・日野原節三、興業銀行副総裁・二宮善基が検挙され、九月には経済安定本部長・栗栖赳夫《くるすたけお》と大野伴睦（自由党幹事長）大蔵省主計局長・福田赳夫が逮捕された。十二月には芦田均首相と西尾末廣（自由党幹事長）が逮捕され、四十四人もの関係者が起訴された疑獄事件であった。

これは米国の対日経済政策として実施された鉄鋼産業、石炭産業を重点産業とする傾斜生産に肥料産業を加えた産業構造の推進の中で、その資金を供給する復興資金に群がる独占資本が政治家と癒着して起こした汚職事件であった。当時の日本経済の状況からして、必然的に起こり得る政治家・官僚の腐敗であり守銭奴となった資本家達の「蜜に群がる蟻」の如き姿が暴露されたものであり「これは氷山の一角」であった。

一九五三年「外航船舶建造融資利子補給及び国家補償法」の成立と政府出資の計画造船の割当てをめぐって贈収賄事件が起こった。

日本特殊産業の商法違反の取り調べを端に発覚し、一九五四年山下汽船、日本海運の手形不正が発覚。さらに飯野海運をはじめとする海運各社が運輸省の高官及び自由党幹部に贈賄している事実が明るみに出た。検察庁は業界幹部および自由党の有田二郎ら有力者を次々に逮捕し、四月二十日自由党幹事長の佐藤栄作の逮捕請求が決定された。しかし翌二十一日法務大臣犬養健が検察庁法十四条に定める指揮権を発動し、逮捕を抑えたため贈収賄の捜索は事実上不可能となり容疑者多数が釈放された。七月二十日までに周辺関連事件を含め逮捕者は運輸省の官房長壺井玄剛、飯野海運社長俣野健輔ら七十人以上に達した。

この事件は、国家資金による計画造船と、海運業の借入金の金利負担を軽減する外航船舶建造融資利子補給法の審議をめぐって起こった贈収賄事件であった。朝鮮戦争準備のため、米国・GHQは日本の産業構造に対する制限を緩め重化学工業を中心に復興を急いだ。特に海陸運送業の復興には力を注ぎ、軍需物資の輸送に役立てようとし、その施策の重要な役割を担う造船業は重点産業となり、そうした中で外航船の制限が撤廃され、新たな造船計画による新造船建造の割り当てが行われた。造船業界では自社に有利な条件をかちとろうとして、政治家・官僚と共謀して造船割り当てを取り、融資を受けしかもその融資の利子さえも減額させることを図ったのである。

海運会社は造船会社からリベートを受け、それを融資金の一部とともに裏金として浮貸し流用した。さらにそのリベートを運輸官僚や開銀関係者への贈賄に使って、前述の利子補給法を成立させようとしたのである。こうした海運、造船業界首脳と政府・与党による贈収賄という複合的な構造汚職を嗅ぎ付けたGHQは、東京地検特捜部に指示し、特捜部は日立造船など造船十一社、山下汽船、飯野海運など海運十七社の幹部や運輸省官房長、自由党副幹事長有田二郎ら政府与党政治家など七十四名を逮捕した。しかし前述のとおり、自由党幹事長佐藤栄作の逮捕が法相犬養健の指揮権発動で挫折し、事件の核心には迫れなかった。

佐藤栄作は、ＧＨＱにとって「有用な」人物として池田勇人と共に起用された人物であり、佐藤逮捕となれば政局に重大な影響を及ぼすとして、彼の逮捕についてはＧＨＱの何らかの意向が反映したであろうということは想像に難《かた》くない。

このような官民癒着の構造的汚職腐敗は、贈収賄を「献金」という姿に変えて進行している。引き続くお金で政治を動かすという不正に、「政治とカネ」の縁を切ると称して人々を騙し「政党助成金」として血税を政治家に交付する制度ができた。しかし今日では政党助成金を受け、なお政治献金やパーティー券で、政治家は大企業からのカネを懐にするという不正が横行しており、法律を次々に改変し、資本家のために労働者を犠牲にする悪法として成立させている。

再軍備進む

一九五三年七月、米朝間で休戦協定が結ばれ、朝鮮戦争は終わった。戦後の日本の経済、政治、教育などに大きな変動が起こった。

いわゆる「朝鮮戦争特需」は消え、産業界では「合理化」による利潤の追求が労働者を犠牲にして行われた。エネルギー産業が不景気の影響をもっとも早く大きく受けた。電気産業労働組合（電産）は「賃上げ」を要求し「合理化反対」「再軍備反対」をかかげて闘争にたち上がった。同様に日本炭鉱労働者組合（炭労）もまた「賃上げ」「合理化反対」「エネルギー転換反対」などをかかげてストライキ闘争に突入した。一九五二年電産は八十六日間の長期に及ぶストを決行し、炭労は六十三日間にわたるストを決行した。続いて炭労は、三井鉱山企業整備に反対して一九五三年、百十三日に及ぶストライキ闘争を行った。

政府・資本家は、このようなたたかいの発展を恐れ、警察権力や暴力団などを使ってストの妨害、弾圧を行い、カネや脅しで労働者の中に対立を起こさせ、第二組合を作って炭労、電産の弱体化をはかるなどし、一方では法律を作り（一九五二年労働関係調整法の改訂で、総理大臣の決定によって五十日間のスト禁止を可能にする改悪）長期ストを禁止するとして労働組合の弾圧にのり出した。

労働者の自覚も高まり労働組合の団結、組織的なたたかいが前進していく中で各産業の労組はそれぞれの要求をかかげ、産業再編、合理化に反対し、その根源が日米安保にあることを暴露して、たたかいをその元凶に向けて統一的にたたかっていく気運が高まった。

一方政府・資本家は労働組合の賃上げなど経済闘争が政治的な闘争へ高まっていくことを恐れ、あらゆる手段を構じて労組の政治闘争を弾圧し、支配の力を強め、利潤追求を最大にする反動政治、再軍備、軍国主義の思想を労働者だけでなく青少年にも強制しようとした。

一九五三年十月、吉田首相は池田勇人（自由党政調会長）を米国に送り、米国のロバートソン極東担当事務次官補との会談を行った。この会談で日本の再軍備の一層の増強をすすめるために、米国は軍事援助を行うとして、MSA協定を早期に締結するよう促した。

MSA協定は、一九五一年に制定された米国の安全保障を目的とした友好国「援助」であり、軍事、経済、技術援助を行うというもである。日本政府は米国に促され、一九五三年七月から交渉開始し、一九五四年三月にMSA協定が調印された。その内容は、米国が日本に軍事援助をし、日本は防衛力の強化を義務付けられ、軍事援助による武器、装備品など供与物件について秘密保護の義務を負い、米軍事顧問団を受け入れる義務を負う。日本への軍事援助は無償（すぐに有償）として、艦船の貸与を行うとしている。

そこで日本政府は、保安隊を陸、海、空の三軍組織の自衛隊に改編する法改訂を行い、MSA秘密保護法も制定した。

池田・ロバートソン会談ではMSA協定を結ぶことと同時に、こうした日本の再軍備を支える青少年の教育を反動化・軍国主義化することに合意した。

教育反動化

日本政府は、早速教育軍国主義化のための「教育改革」に着手した。一九五四年二月、教育公務員特例法及び義務教育学校職員の政治的中立性を確保する法を制定、教員組合の連合体が政治教育をすることを禁止し、教唆、扇動を禁止するもので「教え子を再び戦場に送らない」とする日教組の組織的切り崩し、破壊を狙っており、個々の教員の教育活動を萎縮させようとするものであった。

これに対し日教組は二月二日「闘争宣言」を発し、教育防衛中央国民大会を開催し、教育防衛総決起旬間を行うなどして、各学校、校区での訴え、よびかけなどで、父母の理解と協力を得、地区の労働者、労働組合と団結して反動教育（軍国主義教育）の推進を阻止するたたかいを発展させた。これに呼応して、全国の校長会や全国大学教授連合も反対声明を発し、署名活動も活発に行われた。

政府は再軍備の一環として、警察法の改訂をうちだした。それまでは、国家地方警察と自治体警察の二本立てであった組織を、都道府県警察に一本化し、国家公安委員会及び警察庁の人事権を強化するなどして、中央集権的国家警察制度に改変しようとするものであった。

これは「警察国家」の復活だとして、反対の世論が高まり、国会でも与野党が激突する大きな問題となり、総評は反対声明を出し、組織を上げて反対闘争にたち上がった。

このようにして米・日の反動派は、日本の再軍備を急ぎ、次々に反動法案を国会に提出して、「強行採決」を行ってきた。それに対し人々の認識は次第に高まり、世論は反動化反対、再軍備反対へと盛り上がり、労働者、学生、知識人も諸反動法がすべて日本の再軍備につながっていることを明らかにして、たたかいにたち上がり、その元凶は「日米安保」であるとして、問題の根源に迫るたたかいへと統一していく気運が高まった。

民族独立——社会主義へ

この間世界情勢は大きく変動した。特にアジア・アフリカにおいて、欧米資本主義国（帝国主義国）の植民地支配によって、多くの国・地域が、宗主国の搾取・収奪に苦しめられてきた。そうした国々・地域の人民が自覚を高め、民族としての誇りを取り戻し、団結して帝国主義の鎖を断ち切り、次々と独立をかちとっていった。多くの新興独立国は資本主義の軛《くびき》から脱し、社会主義を志向し、そうした国々の連帯も強まっていった。

アジアでは印度《インド》が早くからイギリスの支配を脱し一九四七年八月、イギリス連邦自治国として、東西パキスタンと分離独立した。ミャンマーは、イギリス領インドの一州であったが、一九三七年にインドから分離し、一九四八年独立して共和国となった。フィリピンは、スペインの支配からアメリカの支配へとかわり、一時日本軍に支配されていたが、一九四六年七月四日に独立した。イギリス領であったマレーシアは、一九四八年にマラヤ連邦として独立し、一九五七年八月イギリスの支配から完全独立を果たした。オランダ領東インドは、第二次世界大戦中に日本軍に占領された。占領下で独立の気運が高まり、日本軍敗退後、オランダからの独立戦争を経て一九四九年独立をかちとりインドネシアとなった。カンボジアは、一九五三年フランスの支配から脱して独立した。ラオスも一九五三年に同じくフランス領から独立した。ベトナムはフランスからの独立戦争に勝利したが、国土を南北に分断され、それにアメリカが介入して、北部のベトナム共和国と南部を支援するアメリカとの戦争（米国のベトナム侵略戦争）となり、一九七六年七月米軍を敗退させて、ベトナム社会主義共和国として完全独立した。ベトナム、ラオス、カンボジアは、独立前は「仏領印度支那」とよばれフランスの支配下にあった。シンガポールは、一九五九年イギリス自治州となり、一九六三年マレーシア連邦結成に参加、一九六五年分離独立した。

こうしてアジア諸国は、英・米・仏・蘭など帝国主義国の支配とたたかい、独立をかちとり多くは社会主義国として新興独立国の仲間入りを果たした。その隠の力として諸民族が頼りにしたのは、一九四九年十月に成立した中華人民共和国であった。

一九五四年四月二十九日、中華人民共和国周恩来首相とインド共和国ネール（ネルー）首相が会談し、六月二十八日「平和五原則」について声明を発表した。平和五原則とは、一、領土、主権の相互尊重　二、相互不可侵　三、相互の内政不干渉　四、平等互恵　五、平和共存、というものであった。

長年植民地、従属国として抑圧された国によって、このような声明が出されたことに世界の注目が集まった。冷戦を否定し、緊張緩和を望む諸国人民は大いに歓迎したが、米国とその同盟国はこれを歓迎しなかった。

続いて一九五五年四月、インドネシアのバンドンで、アジア・アフリカ会議が開催され、会議のコミュニケが発表された。それは「平和宣言」といわれ「バンドン十原則」とよばれた。その内容は、一、基本的人権と国連憲章の目的と原則の尊重　二、すべての国家の主権と領土（保全）の尊重　三、あらゆる人種の平等および大小すべての国家の平等権の承認　四、他国の内政に不介入と不干渉　五、国連憲章精神に沿い、各国の単独或いは集団的に自衛する権利の尊重

六、［a］大国の特定の利益に奉仕するために、集団防衛の取り決めを利用しないこと［b］いかなる国も他国に圧力を加えないこと　七、いかなる国に対しても、侵略行為或いは侵略の威嚇、或いは武力行使によってその領土保全、政治的独立を危うくしないこと　八、あらゆる国際紛争を交渉、調停、仲裁裁判或いは司法的解決などの平和的手段、或いは国連憲章に従って当事者が選ぶ他の平和的手段によって解決すること　九、相互の利益と協力の促進　十、正義と国際義務の尊重、以上となっており、一九五四年の平和五原則に集団的自衛権と国連憲章の尊重を織り込んだものとなっている。これはアジア・アフリカ諸国から「バンドン精神」として大国と小国との関係を律する原則として支持された。

一九五七年十二月二十日〜一九五八年一月一日迄の間、エジプトのカイロで「アジア・アフリカ人民連帯会議」が開催され、反帝国主義、反植民地主義をめざすアジア・アフリカ諸国の民間団体の代表者が参加した。アジアから二十六カ国の代表が、アフリカから十九カ国の代表が集まり約五百人の会議となり、会議では核実験禁止、帝国主義非難、平和十原則と平和五原則を遵守することを確認し、人種差別反対など政治、経済、文化各分野での反帝国主義、反植民地主義運動の綱領を決定した。

このような一連の会議、集会の決議、決定は長年にわたって帝国主義国に従属させられ植民地支配に苦しめられた被抑圧民族を励まし、帝国主義の支配をうちやぶって独立をかちとった新興独立国の人民を大いに勇気づけた。

そうしたとき、一九五七年十月中華人民共和国国家主席毛沢東が、アメリカ帝国主義の世界における覇権を握ろうとする野望を暴き、その本質を明らかにして「アメリカ帝国主義は張子の虎」であると声明した。この声明は、帝国主義の支配をうち破って独立した新興国だけでなく、資本主義国（帝国主義国）の内部において帝国主義とたたかっている広範な諸国人民に、敵を明らかにし団結してたたかっていく方向を示し、たたかえば必ず勝つという確信を与えるものであった。

新生中国を先頭に、新興社会主義諸国と、なお米帝国主義に抑圧・支配されている諸国人民の連帯したたたかいが発展していく中で、米国の「中庭」といわれているカリブ海において、米国の支配下にあったキューバでは、親米独裁政権であるパティスタ反動政権に対して、カストロ主導のもとに都市の学生・市民や労働者が団結してパティスタ政権打倒のたたかいを展開、一九五九年一月一日反動親米政権を打倒して、キューバ革命が成功した。これは米帝国主義を中心とした諸帝国主義国の植民地支配打倒・革命闘争をおしすすめている全世界人民勝利の一環として高く評価され、帝国主義国に深刻な打撃を与えた。

帝国主義国の再侵略

アジア・アフリカをはじめ全世界で、新興独立国の多くが社会主義を標榜し、或いは社会主義に接近していった。資本主義国内部でも、自覚した人民が団結して資本主義を倒して社会主義を求めるたたかいに多くの人々・民族が決起し、たたかいを発展させ、世界的に団結の輪を広げた。

帝国主義諸国とりわけ米帝国主義はこの情勢に恐怖し、危機感を募らせた。彼らは社会主義の新しい芽をつみとろうと企み、新興独立国に対して再侵略の野望を露骨にあらわし、不当に干渉し、挑発・侵略をはじめた。その矛先はまず中東に向けられ、イスラエルを根拠地に中東諸国侵略を試み、これをきっかけに、米帝国主義は同盟国と共に、全世界各地で再侵略を画策し実行していった。

彼らの再侵略の意図を明らかにしたのは、一九五七年一月に発表した「アイゼンハワー・ドクトリン」である。これはいわゆる社会主義「封じ込め」政策の一環であった。

その内容は、一、国際共産主義に支配されている国の公然たる武力侵略をこうむった中東の諸国から、その国の独立の保障と保護のための援助要請があった場合、アメリカは軍隊を出動させ

る　二、アメリカは中東諸国の経済力を強化するために援助する　三、アメリカは要望があった場合、それら中東諸国に軍事援助を与えることであった。

これは中東における反共宣言であり、社会主義壊滅作戦を宣言し、その方針を全世界において実施することを意味していた。

アジアでは、一九五四年九月米国主導で「東南アジア条約機構」（ＳＥＡＴＯ）が設立され、東南アジアにおける共産主義勢力の拡大を防ぐことを目的としており、その最初の矛先は、インドシナ三国（ベトナム、ラオス、カンボジア）に向けられていた。

それはまた日本においても具体化され、一九五三年十一月ニクソン副大統領は「日本国憲法第九条は誤りであった」と発言し、日本の再軍備を急ぐように促した。それを受けて吉田首相はロバートソン国務次官補と会談し、ＭＳＡ協定の調印を急ぐことと日本国内の反共世論の喚起及び教育の反動化・軍国主義化のために法整備などを進めることを約束した。

一九五四年一月には、アイゼンハワー大統領が「沖縄米軍基地無期限保持」を宣言した。アジアの新興独立国はその多くが社会主義国となり中国と接近し、連帯を求めていた。その連帯に楔《くさび》を打ち込もうとして、岸信介を東南アジア諸国及び台湾に派遣し在日米軍の武力を脅しに反共同盟結成の布石を行わせ、それが一九五四年九月のＳＥＡＴＯ結成に繋がった。これは反共軍事同

盟で、米・仏・英が参加しタイ、パキスタン、フィリピンを加盟させた。そして日本を国連に加盟させた。（一九五四年十一月）

沖縄基地強化

一九五三年七月、朝鮮戦争休戦協定に米軍代表と北朝鮮軍代表が調印した。休戦協定は朝鮮半島から一切の外国軍隊は撤退することを決定していた。しかし米軍は協定を無視して駐留を続け、今日に及んでいる。これは米国の対ソ戦略再構築の布石であり、米ソ冷戦の顕在化であった。一九五四年一月にはアイゼンハワーが「沖縄無期限保持」を声明し、対ソ戦に備え、日本を第一線基地にしようとする準備が始まった。一九五四年三月米国は、マーシャル諸島のビキニ環礁で水爆実験を行った。付近の島々の住民や近海で操業中であった漁船などが放射能を含んだ「死の灰」を浴び深刻な被害を受け、その海域で操業していた日本の漁船「第五福竜丸」も「死の灰」を浴び乗組員は大きな被害を受け死傷者が出た。この水爆実験は米国がソ連に対して水素爆弾の威力を示し、実戦配備の意図を明らかにするものであった。

米国は反ソ（中）包囲網の形成を急ぎ、その一環として、東南アジア条約機構を形成させ、東南アジアにおける反共同盟の結成の主導権を執《と》った。

日本政府は一九五四年六月に自衛隊法を制定して、保安隊を改組し自衛隊を発足させた。本格的な再軍備であり、対ソ戦の第一線部隊として米軍の指揮下に組み入れられるのである。

沖縄を占領した米軍は、住民の土地を強制接収して基地を拡張してきた。占領軍は接収した土地の地料は占領以来支払わなかった。一九五三年四月、土地収用令が公布され、米軍が地主に対して土地収用の告知をし、三十日以内に譲渡の合意が得られない場合には収用宣言がなされ土地は米軍のものになるとされた。沖縄各地で強制的な土地接収が行われ、米軍は武装兵を出し、ブルドーザで民家や工作物を破壊し、銃剣で脅して住民の土地を強制接収した。沖縄の人々は、訴願、陳情、座り込みやデモ行進、接収地での実力行使などありとあらゆる手段で抵抗、反撃した。琉球立法院は一九五四年四月、「軍用地の一括払い反対、新規土地接収反対」などを骨子とした「軍用地問題に関する四原則」を全会一致で決議した。しかし米国は、一九五六年六月「プライス勧告」を発表し、基地の保持、接収地料の一括払い（地料一括払いは、その土地を永久に返さないということ）、新規接収の継続など、沖縄側の土地の永久使用や使用料の一括払い、新規接収などを拒否する決議の「土地問題四原則」を否定する「勧告」を行った。

これには沖縄島民だけでなく本土各地でも怒りの声が上がり「島ぐるみ闘争」が始まった。東京日比谷でも七月に沖縄問題解決国民総決起大会が開かれ、全国的な闘争に発展した。かくして沖縄では対ソ戦略の最重要基地として、強引に、着々と対ソ戦軍事基地の拡大・強化がすすめられたのである。

米国の対ソ戦略

米国は、日本政府がこのような対ソ戦略の一翼を担って、その任務を果たすべく、安定した保守政党の基盤を作るため、岸信介に「保守合同」の任務を与えた。一九五五年十一月日本民主党と自由党が合同し、単一保守政党の自由民主党（自民党）を結成した。左右社会党も統一して社会党となり、形の上では保守対革新の対立に見えるが、自民党が圧倒的多数で、実質的には保守党独裁の体制であった。これは米国の思惑通りで、対ソ戦略即ち反共路線の強固な地盤ができたのである。

米国の世界的な反共包囲網形成がすすむ中で、ソ連内部では世界情勢を反映し、或いは内部からの腐敗分子の台頭で微妙な変化が起こっていた。民族主義のあらわれである「一国社会主義」論とか、資本主義国の支配階級と話のできるフルシチョフが、スターリン批判を行うなどといったことが起こり、資本主義体制と社会主義体制の「平和共存」論が出てくるようになった。そして、一九五六年四月には、ソ連をはじめヨーロッパ九カ国の共産主義政党間の連絡情報交換の機関であるコミュンフォルムが解散した。ソ連や中国その他の国の情報収集、諜報活動を行い、政治工作まで行っている米国国家情報機関（ＣＩＡ）が密かにほくそ笑むかのような事態が起こりつつあった。

日ソ交渉

このような情勢のもとで、日本政府・鳩山一郎首相は日ソ交渉を行い、日ソ平和条約の締結を行おうとした。首相がソ連との国交回復をはたそうとしたのは、第一に、ソ連は日本との講和条約に署名をしておらず、日本との戦争が継続状態にあること、第二に、抑留日本人問題が未解決であること、第三にソ連は国連の安全保障理事会で拒否権を持っており、日ソ間で国交を回復すれば、国連加盟の道が開けるであろう、という諸問題を解決しようとしたのである。

首脳会談で平和条約交渉を成就させるために、一九五六年ロンドンで日本代表とソ連代表による第一回目の日ソ交渉が行われた。そこでは、平和条約に関連して重要な問題となる北方四島の問題が話し合われ、最終的には四島のうち国後《くなしり》島と択捉《えとろふ》島については触れず、歯舞《はぼまい》群島と色丹《しこたん》島返還でほぼ合意に達し、平和条約締結に向けて話をすすめることになった。同年七月日ソ会談で、歯舞・色丹返還によって領土問題の最終決着をつけるということで日ソ首脳会談を行うことを確認した。鳩山首相としては、講和条約によって日本は千島列島を放棄したのではあるが、歯舞・色丹返還となれば一定の成果を上げたことになるのであった。ところが一九五六年八月十九日、重光外相がこのことをダレス国務長官に報告すると、ダレスは「日本が国後・択捉をソ連に渡すのであれば、米国は沖縄を永久に占領するであろう」と伝えた。いわゆる「ダレスの脅し」である。

同年十月、鳩山首相はモスクワを訪問し、「日ソ共同宣言」に署名した。宣言は、戦争状態の終結、外交関係の回復、国連憲章の原則確認、相互の内政不干渉、日本の国連加盟支持、抑留日本人の送還、戦時請求権と賠償の相互放棄、漁業条約の発効、漁業資源の保護などについて規定している。領土問題については、国交回復後に平和条約締結交渉を継続し、平和条約締結後に歯舞・色丹を日本に引き渡すとなっていた。しかしこうした経緯（ダレスの脅し）から、その後の歴代内閣は、日ソ交渉をすすめるにあたって、「四島返還」は譲れないと主張せざるを得なくなったのである。

岸信介の起用

対日政策の転換により米国は、新たな経済政策、軍事政策、教育政策などを推し進めるためにそれを実行する政権の基盤を強固にし、反対勢力を抑え込む必要があった。また再軍備のためには、日本国憲法九条は削除しなければならなくなった。そして、日米安保条約を改め、日本に独立国としての軍事力を持たせ、その軍隊は米軍の指揮下に置かなければならないと考えた。

このような経済、軍事、教育などの新たな対日政策を推し進めるためには、その任を担う政権が必要であり、政権を支える強力な保守政党を育成しなければならず、その中心となって働く政治家が必要であった。

そのために米国は「軍事と工業の面において日本人の戦争機構をつくり上げ、これを運転するのに最も活動した連中は、しばしば日本の最も有能にしてかつ成功した実業指導者であった。彼らの努力は多くの場合において日本の経済復興に貢献するであろう」としてその有能な人物の筆頭に、岸信介の名をあげた。

米国は日本を目下《めした》の同盟国として再建し、アジア再侵略、社会主義国消滅の攻撃基地（防波堤と偽《いつわ》る）として利用するために「有能な指導者」を求め、岸らを戦犯からはずして釈放し利用しようとしたのである。

岸に与えられた使命の第一は「保守合同」であった。当時吉田茂らの組織する自由党と鳩山一郎や石橋湛山らの指導する日本民主党といった保守政党があった。これを合同させて保守党に一本化することが米国の期待であり日本の資本家も待望していた。

一九五五年十一月岸らの工作と吉田らの協力で、自由党と日本民主党が合同して「自由民主党」（自民党）を名乗った。こうして左右に分裂していた社会党の合併と対立し、社会党を野党としてそれを圧倒する勢力の保守党が誕生し、「二大政党」と言って人々を欺きながら実質保守政党の一党支配体制が作られた。

保守合同によって米国は日本の政局を安定させ、日本資本主義経済の発展を期し、対日政策の実施を容易にさせる体制を作った。その後自民党の一党支配のもとで、対米従属の政治・経済がおしすすめられ、今日におよんでいる。

岸内閣の成立

岸信介は、一九五七年二月自民党総裁となり、首相として第一次岸内閣を組閣した。

岸首相が就任早々を行ったのは、東南アジアのビルマ（ミャンマー）、インド、パキスタン、セイロン（スリランカ）、タイ、台湾訪問であった。

その目的は「東南アジア開発基金」と「技術訓練センター」構想に各国の同意を求めることであった。これは米国の資金で、日本が技術者を養成（訓練）し、米国の投資と日本企業の進出を容易にして東南アジア人民を搾取し、市場、資源の獲得を目指す狙いをもっていた。しかも東南アジア地域に米国の企てる反共同盟ＳＥＡＴＯ結成のための布石をする使命をはたさせようとするものであった。

東南アジア訪問の最後に、岸首相は台湾を訪問し、蒋介石と会談して社会主義中国の消滅を目指している米国のために「大陸反攻」を唱える蒋政権支持を表明した。

教育の反動化と「教え子を戦場に送るな」

岸首相に与えられた使命の第二は、日米安保条約を改定して日本が独立した軍事力を持ち米軍と反共協同作戦ができるようにし、指揮権を米軍が持つということと、日本の軍事力の強化即ち軍国主義の復活に照応する軍国主義思想の強化とその体制づくりであった。

岸内閣は一九五七年、前年に愛媛県で実施されていた教員の勤務評定を全国的に実施するとして、各都道府県教委に勤務評定試案を通達した。翌一九五八年には校長に管理職手当を支給する法案を強行採決させ、勤務評定を校長権限の強化によって強制し、教員を絶対服従の体制下にしばりつけようとしたのである。同時に「修身」の復活を企む「道徳」時間を特設して、子ども達に「愛国心」を植え付け、「日本のために資本に忠実な労働者」になること、「親米右翼」の思想の根底にある「対米従属」を受け入れる青少年に育つことを期待した。

こうした勤務評定の強行実施に反対して、日教組を中心にした全国の労働組合、労働者、父母、学生、生徒や農民、漁民などあらゆる各界各層の人々が「勤務評定は戦争への一里塚」を合言葉に決起し、反対闘争をくりひろげた。

続いて文部省は、教育課程を改訂して反動的教育内容を子供達に浸透させようとする教育課程の具体化、即ち指導要領を告知（一九五八年十月）した。そうした反動行政・軍国主義教育推進の総仕上げとして、全国一斉小・中学校学力テストを強行実施した（一九六一年〜）。学力テストは子ども達に点数を競い合わせながら、担任教師もその成績で評定するという意図を持ち、反動教育がどの程度子どもに浸透しているかをテストするものであった。その上文部省は、改悪された指導要領に基づいた教科書検定の強化をおしすすめた。教科書検定には、戦時中日本民族の優越性を強調した「皇国史観」を信奉する文部官僚を起用した。「皇国史観」は極右学者平泉澄《きよし》らが提唱し、日本は「万世一系」の天皇をいただき治められた「国体」の国であり、その歴史は世界に冠たる民族であることを示しており、故に日本が「大東亜共栄圏」の盟主となるべく運命づけられている、というものであった。このような非科学的で独善的な自国中心の歴史観を持った文部官僚・検定官が教科書の検定にあたり、彼らの歴史観に基づいて検定に合格した教科書は、日本国内だけでなく、諸外国からも抗議を受けるということが起こった。教科書検定は憲法が禁じている「検閲」（二十一条二項）ではないかということで「家永訴訟」が起こされた。また日本帝国主義のアジア「侵略」を「進出」としたことで、中国や「韓国」などから抗議されるなど、検定制度そのものに対する批判がまき起こった。

このような情勢のもとで日教組は「教え子を再び戦場に送るな」というスローガンのもとに、全国の労組と共闘し、地域の父母らと共に反対闘争を推し進めたのである。

一九六〇～一九七〇

日本政治史上最大の大衆闘争となった「60年安保闘争」

日米安保条約改訂
六〇年安保闘争
七社共同社説
日米地位協定（日米行政協定）
治外法権
池田内閣
池田訪米
所得倍増計画
大企業の犯罪行為
「公害」
「高度成長」の犠牲
米国の模倣
労働者の怒り
民族独立と米軍侵略
物品税導入
佐藤内閣
——反中国・反共
日本経済への圧力
沖縄・ベトナム・
日「韓」条約
佐藤訪米
非核三原則のペテン
学園闘争
政治課題のたたかい
沖縄返還
政界の黒い霧
経済政策の破綻

日米安保条約改訂

当時米国は、朝鮮侵略戦争でその目的を達することができず、再び北朝鮮、中国、ベトナムに矛先を向け、社会主義消滅のためにアジアへの再侵略を企らんでいた。

米国は日本と「韓国」が共同して北朝鮮をなきものにするため、同盟を結ばせようとして日「韓」会談を行わせていた。沖縄ではミサイル基地が八カ所もつくられ、沖縄基地から東アジア全域を攻撃できる基地が整備されていた。日本に対しては、日米軍事同盟を結ぶべく日米安保条約改訂の交渉をすすめており、当然日本国内では、そうした日本再軍備強化の動きに対して反対運動が起こっていた。

岸内閣はこうした人民運動の高まりを抑え弾圧し、日米安保条約改訂実現の布石にしようとして、一九五八年十月「警察官職務執行法（警職法）」の一部改訂案を国会に提出した。これに対し全国各地から警職法反対のたたかいが巻き起こり、社共両党、総評、全学連、婦人団体、学者、新聞人なども一体となって警職法反対の嵐を巻き起こした。たたかいが最高潮に達した一九五八年十一月十五日に国民会議がよびかけた全国統一行動には、四百万人の労働者、市民、学生が参加し、中央では国会を取り巻く巨大なデモの波が起こり、一般の人々も「オイ！　コラ！」

警察の復活だとして各地で集会・デモに参加するという事態になり、岸内閣は警職法の成立をあきらめ、審議未了となった。

六〇年安保闘争

岸内閣は、警職法のつまずきで安保改訂の予定を狂わせながら、日米交渉を秘密裏にすすめ、交渉内容を一切秘密にしたまま、一九六〇年一月十九日岸首相が訪米して新条約に調印した。

新条約の内容は「隠すより現る」の諺通り、次第に人々の中に明らかになった。「日本国の施政下にある領域における、いずれか一方に対する武力攻撃」は「自国の平和及び安全を危うくするものである事を認め」て対処するということは、在日米軍基地への攻撃も日本への攻撃とみなして、米軍の戦闘行為に日本が巻き込まれることになる。また「極東における国際の平和および安全に寄与する」ために在日米軍が勝手な行動を起こし、それに日本が加担することになる。しかも「核兵器の持ち込み」などについて「事前協議」をするというが「同意」を必要としておらず、日本が反対だからといって米軍を拘束することはできない。非常に重要なことは、「日本国の安全にたいする脅威」の中にダレス長官の言う「間接侵略」即ち労組のストライキ闘争などによって起こる混乱・騒動などを含めていて、日本の主権に米軍が介入し、日本が実質的に米国に従属することになる、といった重大な問題をはらんだ条約であることが明らかになってきた。

このような内容に変えて旧安保条約を新安保条約として日米間で締結しようとする企みが、全国の各界各層の人々に知れわたり、それ迄の「再軍備反対」「日米安保反対」の闘争が階段を画して、大きく広く激しくたたかわれるようになった。

反対運動は一九五九年秋からようやく本格的に発展し、十一月二十七日国民会議のよびかけに応じた第三次統一行動では、国会請願行動に八万人が参加した。一九六〇年に入ると、作家、ジャーナリスト、大学教授、演劇・映画人、そのほか知識人なども街頭に立ち、集会に加わり、デモ行進にも参加するようになり、全国各地の中・小都市でも独自の集会やデモ行進が行われた。

こうした大衆運動・闘争の高揚していく中で、岸政府・反動派・資本家は次第に焦りの色を濃くし、一九六〇年五月十九日国会では五百人の警官隊を導入して野党議員を排除し、安保条約批准承認案件を強行採決した。この暴挙に対して自民党内部からも反発の声が上がり、自民党松村謙三ら二十六人が議場から退席するということも起こった。

この暴挙はたちまち全国各地に知れわたり、五月二十日には十万人の人々が国会を包囲し、全国で集会、デモが渦巻いた。連日「安保反対」「国会解散」「岸を倒せ」の声が国会を包囲し、全国津々浦々に響き渡った。六月十五日には総評が五百八十万人の動員を行い、首相官邸を取り巻くデモには、労働者五十万人、それとほぼ同数の市民団体が加わり、学生も五万人を超える人数が参加した。この大規模なデモ隊に対し、警官隊が突入し大混乱をひき起こした。デモ隊の中に多くの犠牲者が出た。当局の発表によれば「死者一名、重軽傷七百十二名、逮捕者百六十七名」とあり、死者は東京大学学生樺美智子さんであった。警察病院の検死で、死因は頭部内出血および胸部圧迫と発表された。明らかに警察官の警棒で頭をなぐられ、倒れた人を多人数の軍靴で踏みにじったのである。

七社共同社説

その直後の六月十七日、朝日新聞をはじめ七社（朝日、毎日、読売、産経、日経、東京、東京タイムズ）が異例の七社共同社説を発表した。それは「暴力を排し議会主義を守れ」という大見出しで、新聞七紙がいっせいに「民主主義は言論をもって争われるべきである。その理由のいかんを問わず暴力をもちいて事を運ぼうとすることは、断じて許されるべきではない」というものであった。まるで占領下ＧＨＱの広報部が発した「警告」かとみまがうばかりである。議会に警官隊を導入して議会制民主主義を踏みにじっていること、警官隊の暴力で多くの人々が傷つけられ殺されたことなど余所事《よそごと》であるかのような社説であった。

この社説の原稿を書いたのは朝日新聞の論説主幹、笠信太郎であった。笠信太郎は朝日新聞の特派員としてヨーロッパに駐在。米国の情報機関OSSの欧州総局長アレン・ダレス（後のCIA長官でダレス国務長官の弟）と協力関係にあった。またキッシンジャー（ロックフェラー財団の外交政策顧問、ニクソン大統領補佐官）とも親交を持っていた。

このような人物を起用するにあたって、米国の歴史学者シャラーは著書『日米関係は何であったのか』に「マッカーサー駐日大使は日本の新聞の主筆達に対し、大統領の訪日に対する妨害は共産主義にとっての勝利であると見なすと警告した」「（CIAは）友好的な、或いはCIAの支配下にある報道機関に、安保反対者を批判させ、アメリカとの結びつきの重要性を強調させた」と書いている。日米安保体制のもとでの、米国の日本に対する干渉は、このような策謀によって行われ、それは今日なお引き継がれ、日本が米国に従属するという関係は強くなりこそすれ、弱くなることはなかった。

この一九六〇年安保闘争は「日本政治史上最大」の集会・デモであったという人もいる程、大規模な大衆闘争の発展であった。賃上げなど経済闘争の中から自覚を高めた組織労働者が、政治闘争へと進み、ストライキなど組織的な闘争をおしすすめ、諸悪の根源に迫るたたかいとして前進した。こうした労働組合を中核として学生、文化人、市民が広く大規模に結集し安保体制を打ち破るたたかいに決起した。この力はアイゼンハワー大統領の訪日を断念させ岸を辞職に追い込み（六月二十三日）、岸内閣は七月十三日に総辞職した。

岸に与えられた第三の使命である憲法第九条の削除は叶《かな》えられなかった。その後歴代内閣が事ある毎に「憲法改悪」を試みたが、一九六〇年安保闘争によって目覚め自覚を高めてたたかう力を内に秘めた労働者・人民の力と戦争を体験し後世に語り継ぐ戦争反対の人民大衆の反戦・平和を求める力によって今日に至る迄「憲法改悪」の企みは阻止され続けている。

日米地位協定（日米行政協定）

新安保は以上のような情勢のもとで、参議院の議決がないまま一九六〇年六月十九日に自然成立した。

新「日米安保条約」が結ばれると同時に、米軍にさまざまな特権を与えている「日米地位協定」の調印が行われた（一九六〇年一月十九日）。日米地位協定は一九五二年に調印された「日米行政協定」を受け継ぐ日米間の協定である。

日米行政協定は、前文、本文二十九カ条及び末文から成っていた。細かな運用については、

「日米合同委員会」で決定する。この協定の問題点は多くあるがまず言えることは協定自体が国会の承認なしに行政府間の取り決めによって決定されていることである。内容では管理権について米軍に必要な権利、権力及び権能を与えるとして、基地の自由使用を最大限に保証しており、基地の使用は何の制限もなく使い続けると言い、米軍の将兵、軍属、家族の治外法権を認め、日本側に裁判権はない、などとなっている。ダレス・天皇会談及びダレス・吉田会談において確認された「われわれは日本に、われわれが望むだけの軍隊を、望む場所に、望む期間だけ駐留させる権利」を日本側の要請として米国に与えたことを最も具体的に盛り込んだのが日米行政協定であり、その内容を受け継いだのが日米地位協定であった。

日米地位協定は、日米安保条約改訂のとき日米行政協定を引き継ぐ協定として一九六〇年一月十九日に調印された。地位協定は二十九カ条から成っている。その内容には多々問題がある。第二条では、日本は米国に必要な施設、区域の使用を許す、第三条では、米国は施設、区域内で、設定、使用、運営、防衛、管理のための権利と権力を持つ、第十七条では、米軍、軍属、家族の専属的裁判権を持つ、などである。

まだまだ問題は多いが、これだけ見ても、日本に駐留する米軍人と家族達は、米軍に所属するかぎり、日本のどこでも占拠できるし設定した基地内は無法地域で、基地外に出ても如何なる罪を犯そうと罪をまぬがれることができる（実際犯罪人が軍法会議でも裁かれた例はない）。要するに日米地位協定は、ダレス・天皇会談及びダレス・吉田会談で確認された内容を最も具体的に取りきめた協定である。この協定と日米安保条約及び講和条約は一体のものとして成り立ち、米国の日本従属化の基本方針が貫かれている。

このことについて寺崎太郎（元外務次官）は「安保条約は、占領下という状況のもとで、手足をしばられた日本政府が、米国との交渉をさせられ、米国の思うように取りきめられたもので、これは独立国の条約ではない」という趣旨のことを言っている。

地位協定に関わる問題について、日米間で協議する機関として「日米合同委員会」が設けられている（第二十五条）。委員会は日米両国代表一人ずつで構成されており、一人又は二人以上の代理人がついている。委員会では安保条約、日米地位協定上の問題を協議しているが、よほど重大な問題でない限り、国会に報告しない。議事録は公表されず、会議は秘密会であり、これまでに幾つかの日米間の密約が第三者によって暴露されている。委員会には多くの分科会が設けられ、実務を分掌しており、日米両国どちらか一方の要請があればいつでも会合を開くことになっている。米軍人の犯罪や戦闘機事故などについて、日本側から問題を提起しても、ほとんどの場合米国の言いなりの結論が出ているようで、米軍や米兵などが日本の主権を犯すような事件を起こしても、それが日本の主張通りに解決したことはない。不合理、不法な地位協定の見直しを、日本政府が求めても一度も見直されたことはない。委員会で合意された日米間の「密約」は国会に諮《はか》られることなく、秘密にされている。これは日本の運命を左右するかもしれない重大な問題である。

日米地位協定のもとで、米軍基地と米軍人らの行動によって、日本国内で数々の重大事件が起こっている。しかし一九五二年四月調印された日米行政協定が一九六〇年一月に調印され日米地位協定となったが、今日迄およそ六十年間一度も見直され改訂されたことはないのである。

治外法権

この間、いかなる事件が起きどのように処理されたかということを検証してみることが必要であろう。

一九九五年米兵達による少女暴行事件が起こった。まさに鬼畜にも劣る蛮行である。日本政府は犯人達の身柄の引き渡しを求めたが米軍はこれを拒否した。第十七条には、米軍人、軍属が公務外で事件を起こしても、先に身柄を拘束したのが米側であった場合、日本に身柄を引き渡さないとある。勿論人々は怒り、沖縄だけでなく日本全土で抗議の声が上がり、抗議行動が起こり激しくたたかわれ、これは普天間基地の返還へと発展した。しかし地位協定の見直しには至らなかった。

沖縄本島では数多くある基地周辺で、住民達は夜も眠れないような騒音被害に苦しめられている。沖縄嘉手納基地周辺の住民は、昼夜を問わず耳をつんざかんばかりの騒音が響きわたり、それが深夜や未明にも襲いかかって夜も眠れない状態が常態化している。そこで住民達は、何度も夜間の離着陸や上空の飛行を差し止めるよう裁判を起こしている。裁判所はその被害は認めて或る程度の賠償を命じるが、飛行差し止めを命じたことはない。その根拠に日米安保条約や地位協定の存在を示している。この間県は、地位協定の抜本的見直しを求め続けているが、日本政府は県民の願いに対し一顧だにせず、見直し改定を米国に要請しようとはしないのである。

名護市の米軍キャンプ・シュアブ周辺では、米軍の訓練中に流れ弾が飛んだり、時には人家に銃弾が打ち込まれることがある。住民は、音がするたびに弾が飛んでくるのではないかという恐怖におののくことがしばしば起こっているがこうした事件に対して県警はほとんど捜査することができないでいる。十七条では米軍人・軍属の公務中の事件・事故について米側に裁く権利があると定められている。

これは沖縄だけの問題ではない。東京に米軍横田基地があり、その周辺の東京、埼玉、神奈川、山梨にまたがる高度二千五百メートルから七千メートルに及ぶ米軍の航空管制区域がある。「横田空域」とよばれており、日本の航空機は飛行禁止となっている。政府は東京五輪に訪日する外国人客の増加にそなえて、羽田空港の国際線の発着数を最大年間六万回から九・九万回に増やす計画をたてた。そのための新ルートは、さいたま市や東京都の上空の一部（横田空域）に数分間入る。この数分間を日本側の管制で行いたいと米軍に申し入れた。この種の問題は、日米合同委員会で協議することになっているが米側は協定六条の「すべての非軍用及び軍用の航空交通管理の体系は、緊密に協調して発達を図る」ということを盾にして同意に難色を示している。このような事態について法政大学教授の明田川融《あけたがわとおる》は「首都上空の管制権をこれだけ広範囲に他国にゆだねている国はほかにない」と言っている。安倍・プーチン会談でも、ロシア側の懸念は「四島問題」で一島でも日本に引き渡したら、日米地位協定に基づいてその島に米軍が基地を置くのではないかということである。

このような不条理なしかも日本の独立を踏みにじる不平等条約である日米安保条約、日米地位協定を破棄せよ、少なくとも見直すべきだという声、運動は沖縄だけではなく日本全土でわき起こった。しかし日本政府はこの間米国側に交渉しようとさえしない。このまま推移すれば日本は米国の従属国どころか、植民地と化し、国の滅亡をも招きかねないのだ。

池田内閣

安保闘争の高揚の中で岸首相は辞職に追い込まれ内閣は総辞職した。後継として首班となったのは「吉田学校」の一人池田勇人であった。吉田学校とは、吉田茂が対米従属の自らの政治路線を継承する人材を旧高級官僚に求め、彼らを政界の保守党に送り込んだ人物達を言う。吉田学校の優等生とし、佐藤栄作、池田勇人、岡崎勝男、前尾繁三郎らがおり、後輩として小坂善太郎や保利茂などがいて、この人脈はその後、田中角栄、大平正芳、鈴木善幸、宮沢喜一らに受け継がれた。

日本現代史の特筆すべき人民闘争の高揚である「六〇年安保闘争」は米国支配層及び日本の資本家達に強い衝撃を与えた。岸に代えて誰を首班に選ぶかは重要な問題であった。

岸の退陣から池田の起用について、米国の文書によれば「六月二十日、吉田がマッカーサー大使とあったとき、吉田が暫定的に岸に代わってはどうかという提案を退け、池田か佐藤が望ましいとのべた」「六月二十一日、池田はマッカーサー大使に、吉田の支持を得て、近いうちに岸の後を継ぐことにしたとのべた。マッカーサーは池田を日米協力の忠実な信奉者であり、岸の最善の後継者だと評した」とある。

吉田茂の徹底した対米追従の政治路線は、こうした米国の意向を受けて、池田勇人へと受け継がれ、一九六〇年七月十九日に池田内閣が誕生した。

このようにして池田内閣が成立するやすぐに米国は、戦後間もなく食料援助としてガリオア・エロア援助資金による脱脂粉乳や古小麦粉を送り込み学校給食などに供給した、その援助資金を返納せよと迫った。池田内閣は日米交渉にのぞみ一九六二年一月「総額四億九千万ドル（当時の為替相場で約千七百七十億円くらい）を年利二・五％、十五年間で返済する」協定を結んだ。この「援助」は無償だと思われていたので、日本にとって物心両面の大きな負担であった。

当時米国はジュネーブ極東平和会議（一九五四年四月～七月）の決定を無視して、フランスの支配から独立したベトナムに介入し、分断された南ベトナムを支援した。北ベトナムでは社会主義政権のもとで国づくりが進んでおり、米国は社会主義を目指す統一ベトナムの成立を打ち破ろうとして、ベトナム侵略戦争を画策し、戦争準備をすすめていた。米国は池田政府に対して、日本経済の発展を促し、米軍基地の強化拡大を要請し、日本をアジア侵略の拠点としようとした。

池田訪米

一九六一年四月、安保闘争の発展で窮地に立った岸を立ち直らせようと陰で画策したキッシンジャーが米国大使として来日した。五月には池田首相が新総理としてケネディ大統領を表敬訪問し、首脳会談を行うために訪米した。この頃から日本では、新内閣が成立すると首相はまず第一に米国を訪問し、大統領を表敬訪問して第一回首脳会談に臨むようになり今日に及んでいる。「参勤交代」か「中国歴代王朝との柵封《さくほう》関係」のようであると評する人もいる。

池田・ケネディ会談では、日米間の貿易経済、教育・科学・文化交流など幅広く議論され、一九六一年六月に日米貿易経済合同委員会が設けられた。委員会には日米の関係閣僚が出席し、毎年一回開かれるように決められた。

日本では「朝鮮戦争特需」が消え、産業界は不況に陥《おちい》っていた。過剰生産による恐慌である。池田政府は産業界と図ってエネルギー源を石炭から石油へ転換し、それにともなう産業構造の転換をすすめた。

米国では軍需産業の火が消えそうになり、産業構造の不安定による不況に襲われ、輸出による新市場獲得をおし進めていた。日米間では米国の要請による貿易の自由化、関税の撤廃について話し合う必要に迫られ、首脳会談を受けて日米経済合同委員会で討議され、一九六二年二月には、日米相互関税引き下げ協定が結ばれるなど、米国の対日経済政策が次々に日本に対して具体化されていった。また一九六二年三月には「日米ガット関税引き下げ」協定が結ばれ、日本は「自由貿易」が義務付けられ、農林水産業や日本独自の産業の発展を妨げる要因が強制された。

「池田・ロバートソン会談」で取り決められたMSA協定の実行が迫られ、自衛隊の武器・装備品は米国製品に限られ、次々と更新され、軍事費負担は次第に大きくふくれ上がった。同年五月には防衛施設庁が新設され、米国からの武器輸入の窓口となり、在日米軍基地の拡大強化の実務を担った。

こうして一九六二年九月に開催された閣僚審議会では、貿易自由化率は八八％、二十三品目となり、一九六三年二月には輸入自由化率は九二％、七十品目になった。しかも日本は、米国主導のガット（GATT——関税と貿易に関する一般協定）で「十一条国」とされ、輸入は原則として制限を行うことを禁止されたのである。

所得倍増計画

こうしたなかで池田政府は、日本経済の発展をめざすとして、「所得倍増計画」を打ち出した。これは長期経済計画で、六一年度から七〇年度までの十年間に実質国民総生産（実質GNP）を年率平均七・二％増、実質国民所得を倍増しようというものであった。池田政府は、一、社会資本の充実（公共投資によるインフラ整備）、治山、治水、干拓、公共住宅、上下水道など生産に間接的に貢献する資本の充実　二、産業構造の高度化（エネルギー源を石炭から石油へ、或いは原子力エネルギーの利用に求め、それに応じた産業構造の転換をはかる） 三、貿易と国際経済協力の推進 四、人的能力の向上と科学技術の振興 五、二重構造（産業間の生産技術や賃金水準の格差、地域内の生活水準の格差の存在）の緩和と社会安定の確保、という五項目を計画の課題として掲げた。

公共事業として新幹線の建設がすすめられ、ゼネコンや鉄鋼、電機産業は活況を呈した。一九六四年には東海道新幹線が開通し、山陽新幹線も一九六七年には新大阪・岡山間で営業を開始した。一九五七年に施行された高速道路自動車法に基づき、本格的な全国高速道路網の建設がすすめられそれと結びつく地方道の整備もすすんだ。電信電話網の充実、港湾整備、大型干拓事業などが産業構造の転換とともにすすめられた。中でも諫早湾干拓事業や八郎潟干拓事業は、かつてない大土木事業で、ゼネコンと関連企業が群がり「甘い汁」を吸うだけ吸って、一九五七年から一九六四年完成まで十年近くを要した。都市周辺では日本住宅公団による大規模な住宅団地が次々と建設された。

エネルギー源の石炭から石油への転換で、九州、常磐、北海道などの炭鉱が次々に閉山に追い込まれ、或いは合理化が強引におしすすめられ、大量の失業者が出た。石油はほとんど日本では採掘されず、中東産油国からの輸入に頼っており、大型タンカーの建造が競われ、三十万トンという超大型タンカーも建造された。重化学工業の発展も促され、石油コンビナートや鉄鋼コンビナートが、太平洋岸に集中し、瀬戸内海沿岸にも建設された。こうした産業構造の転換のためには生産技術の革新が必要であり、政府は生産技術の変化向上のために補助金、奨励金を企業に供給した。

こうして「自由競争」による生産増強がはかられ生産が急速に増大していった。国内市場はあふれ、貿易によって市場の拡大をすすめる必要に迫られた。最大の貿易相手国である米国との関係では、強大な生産力をもつ米国産業製品を相手に、米国から貿易自由化を迫られ、輸入が拡大し、輸出は限られるといった状況になった。

産業界と政府は一体となって国内需要の掘りおこしをすすめた。自動車産業は旧製造ラインを打ちこわし、新ラインの建設或いは新工場への移転をすすめ、新型自動車の販売・宣伝に力を注いだ。家電業界では「白モノ」中心の生産態勢に主力をおき「家電三種の神器」などと宣伝し、各家庭や新住宅団地への売り込みをはかった。白黒テレビをカラーテレビに買い替えさせようとして「ミッチーブーム」や「東京オリンピック」キャンペーンなどをマスコミと結びついて大いに喧伝し、「消費者は神様」などといったキャッチフレーズまで使って市場の開拓をはかった。

このようにして一見「好景気」が「鰻登り」のように向上持続するかのような見せかけの「高

度成長」がマスコミを使ってあおりたてられていった。しかしその破綻はたちまち露呈した。

大企業の犯罪行為

新幹線や高速道が建設され道路網が整ってくると、都市や都市周辺は交通の便がよく立地条件が良好だということで、電機（器）産業や自動車産業が進出し、石油コンビナートが建設された。都市と農漁村の間で人や物の流通がよくなり、農漁村の若者は都市の工場労働者としてどんどん吸収され、炭鉱閉山などの影響もあって「集団就職」ということで大量の若者が都市に集中していった。農漁村は次第に人手を失い「三ちゃん農業」（じいちゃん、ばあちゃん、かあちゃんだけで農業を営む）という言葉さえ出るようになり、「過疎化」が問題にされるようになった。都市と農漁村の格差が大きくなった。大規模な干拓事業で広大な農地が開け、大型機械化による大農場経営で米《こめ》の生産は増加した。しかし日本人の食生活習慣が学校給食の影響などもあって米《こめ》からパンへ変わっていく傾向が生じ、米国からの食糧輸入も次第に増えてゆき、「米あまり」と言われるようになった。農村の疲弊である。

高速道路や新幹線の建設、住宅団地の集合住宅（マンション）の建築などにはコンクリートが使われ、大量の砂・砂利を必要とする。それも海岸の砂ではだめで川砂が求められる。しかし河川の砂の採取には限度がある。建設ブームでゼネコンは川砂をほとんど取りつくし、河川は荒れ、彼らは窮地に立たされた。海岸近くの住民の中から「近頃ダンプカーが海岸から山手に向かって走っている」という声が聞かれたという。もしそれが海砂であってコンクリートに使われたとしたら一大事である。一九六〇年代建設の橋脚やトンネルが四十年後五十年後に、コンクリートがはがれ、赤錆びた鉄筋がむき出しになっていたということを聞く。もしや海砂の運搬とコンクリートの製造に因果関係があるとすれば、海砂で作ったコンクリートは必ず中の鉄筋を錆びさせ、崩壊の危険にさらされる。巷間ではもっぱらそういう噂がある。この時代の前後から「列島改造」などと言われた時代のコンクリート建造物はその後の毀損や剥離で、危険性が指摘され、海砂の使用が疑われている。学校のプール建設やブロック塀の建設はほとんどこの時代であった。安全のための袖壁や鉄筋はほとんど使われていない。危険そのものである。「金儲けのためなら何でもあり」「親方日の丸」と言われゼネコンが「我が代の春」を謳歌した時代であった。官民癒着の不正工事で、後の世代に重大な負債を残したと考えざるを得ない。

「公害」

一九五三年頃から熊本県水俣市で、住民の中から手足や口のしびれがあると言われはじめ、言語障害、視野狭窄、運動障害、聴力障害の人々が数多く訴え出、病院で診療を受けた。中には中枢神経症で死亡する人も出た。地元の医師達や支援する人々の共同のたたかいの中で、その元凶新日本窒素肥料、改名チッソの水俣工場が排水に混入したメチル水銀を長年にわたってたれ流していたことが判明。メチル水銀は水中生物の食物連鎖によって数十万倍に濃縮され、その魚介類を食べた人々に重大な被害を与えた。メチル水銀は母親の胎盤を通過して胎児にも害を加え、生まれた子にも特異な症状が発現した。

これは「水俣病」と言われ、地元熊本だけでなく全国的にチッソを糾弾する声が上がりチッソの責任を問うたたかいが発展した。一九六八年には水俣病が「公害」と認定され、裁判でも一九七三年原告側（被害者側）が勝訴した。

水俣でのこうした企業の組織犯罪をあばき、その責任を追及し、二度とこのような犯罪行為を行わせないたたかいが、全国的に大きく発展することを怖れた資本家・政府は、その官民癒着の凶悪な組織犯罪の責任をそらし、元凶を曖昧にしようとしてその呼称を官僚に委ねた。官僚達は米国においてはこの種の犯罪を「環境汚染」（environmental pollution）とよぶと教わり、これを「公害」という何とも責任の所在の分からぬ、人々の耳目を騙す言葉を発明して（資本家に）官僚達の「誠意」を示した。

ほぼ同じ頃一九五六～一九五七年にかけて、富山県神通川流域の住民の中で、身体の激痛、病的骨折、運動不能の人達や死に至った人が数多く出た。中でも中年の多産婦に多くその症状があらわれた。被害者は「イタイ、イタイ」と悲痛な声で訴えるが、中々その原因が突き止められなかった。一九六七年岡山大学の小林准教授らの支援を受け、地元医師や住民、被害者が一体となって、原因究明のための調査研究をすすめ、それが三井金属鉱業神岡鉱業所（岐阜県）の廃水によるカドミウムの慢性中毒症であることを突き止めた。

地元住民をはじめ被害者や多くの県民はこれを「イタイイタイ病」として三井神岡の責任を追及し、全国でも大いに関心が高まり、大企業・資本家の「儲けのためには人を犠牲にしても平気」だという傲慢な経営方針を糾弾した。それでもなお三井資本は「カドミウム単独中毒説」には疑問があるなどと故意に噂を流すなどして人々を騙そうとした。政府はイタイイタイ病の根絶と企業の責任を追及する人々のたたかいに追い込まれ、一九六八年になってようやくこれを「公害病」だと認定し、裁判所もこの問題の提訴を受けて一九七一年に富山地方裁判所が、原告勝訴の判決を言い渡した。

一九六四年、新潟県阿賀野川下流沿岸の住民の中から多数の有機水銀中毒患者が出た。新潟版「水俣病」である。性こりもない大企業の毒物たれ流しによるものであった。昭和電工鹿瀬工場からアセトアルデヒドの製造過程で生じたメチル水銀を廃水と共にたれ流し、その水銀は阿賀野川の川魚によって食物連鎖濃縮され、そうしたメチル水銀蓄積の川魚を食べた沿岸の人々が、熊本の水俣病と同じ水銀中毒患者となったのである。新潟水俣病又は第二水俣病とよばれた。被害者は認定されただけでも死者七十六人患者六百二人未認定多数といった状況であった。

昭和電工を糾弾し責任を問うたたかいが大きく発展し、被害者は訴訟も起こし、裁判所は一九七一年原告勝訴の判決を下した。

一九六〇年三重県四日市市に石油コンビナートが建設された。それ以来近辺の住民の中から喘息のような発作、眼の痛みと激しい咳、発作的けいれん的な呼吸困難が昼夜をわかたず数カ月に及ぶというきわめて悲惨な状態の患者が続出した。これは全国的な大きな問題となり、他の石油コンビナートでも同様の事態が進行していた。裁判所は一九七二年に石油コンビナート六社に対して、共同不法行為であると認定し、八千八百万円余りの賠償を命じ、原告の訴えをほぼ認める判決を下した。これは石油コンビナートを形成する石油六社が、硫黄酸化物など大気汚染物質を空気中に放出し続けたために起こった企業犯罪であった。

水俣病、新潟水俣病、四日市喘息、イタイイタイ病の四つの「公害病」に関する裁判は「四大公害裁判」とよばれている。しかしこれ以外、全国の大企業の周辺では、大なり小なり住民に多種多様な被害を与え続けており、資本家の利潤追求のために、労働者だけでなく企業周辺の老若男女住民の多くがひどい犠牲を強いられており、今日なお同様な被害が続出しているのである。

「高度成長」の犠牲

「高度成長」といい「岩戸景気」などといいながら企業は「自由競争」のせめぎ合いを続け、利潤追求を最優先に、労働者の搾取を強化、過重労働を強い、安全対策などはおろそかにしてきた。その結果一九六三年十一月、三井三池三川鉱で大炭塵爆発が起こり、死者四百五十八人、CO被害者が多数に及び、CO患者は今日なお後遺症に苦しんでいる。一九六四年に入ると六月、七月、九月と連続的に、昭和電工川崎工場の爆発で死者十八人、負傷者多数、東京品川の宝組化学品倉庫で連続爆発、消防士の殉職が十九人に及んだ。富山では富山化学工業の塩素が流失、五百三十一人が中毒に侵された。これより他にも全国で産業事故が多発して、大きな社会問題となった。農山村でもダム建設による村の水没や自然破壊がすすみ、村ぐるみ地域ぐるみの反対闘争が各地で起こった。中でも熊本県小田町では、暴力団や警察権力まで動員しての反対勢力弾圧のもとにダム建設が強行され「蜂の単城」に立て籠った住民と外からの応援で八年間もたたかい続けたところもあった。

一九五五年頃から一九八〇年にかけて、整腸剤にキノホルムを使い、服用した人々は下半身まひを伴う神経炎にかかった。製薬会社と政府・官僚が共謀して行った官民癒着の薬害事件である。スモン病薬害事件という。

一九六八年頃から福岡県を中心に西日本で多発したポリ塩化ビフェニル中毒症で、全身の発疹や発熱、顔面浮腫などを中心とする症状の患者が次々と大量に出て死者もあり、「黒い赤ちゃん」と言われる子も多く生まれた。鐘淵化学工業がポリ塩素化ビフェニルを製造しカネミ倉庫が食用油に混入して起こした事件であった。カネミ油症事件と言われている。

米国の模倣

このような企業の生産活動から発生する組織的犯罪行為は、数え上げればいくらでも存在する程日本全国で発生し、増加していた。それは環境破壊先進国である米国に倣って、日本の資本家と政治家の共謀による確信犯的行為であると言えるだろう。

彼らが米国から学んだことは、企業が環境破壊の原因物質をたれ流し、例え被害があろうと被害を受けた人々によってその原因が露見する迄知らぬ顔をする（例えば米国ではスリーマイル島原発事故と同じような原発事故を少なくとも二件以上隠し続けてきた）。原因物質を突き止められても、それが被害と結びついているかどうかは因果関係が「不明」だとしらを切り、加害者として企業の責任を問われても、謝罪はしない。賠償、補償にはできるだけ応じないで、例え応じても補償は短期間で打ち切るか一時金だけで済ますようにする。子会社などを作って対応し、責任の所在を不明確にする。といったことで、日本で「公害」原因を作り出した大企業は軒並みこうした犯罪行為と隠蔽・責任逃れをしてきた。故に今日まで大企業のこうした犯罪行為「公害」は次々と起こり後を絶たない。

労働者の怒り

このような過程で企業は、自己責任において受けた損害を、労働者を犠牲にして安全対策の怠慢や事業の転換、偽装倒産などを行い、自らの損害を最小限に止めようとした。労働者は「公害」による損失の犠牲にされ、首切り、転職、配転による賃金の低下、生活の困窮に追い込まれ、それは他企業にも影響を与え労働者全体の低賃金化、過酷労働の強制と結びついた。

当然労働者は怒り団結して、「合理化・首切り反対」「賃金を上げろ」といった経済闘争を発展させ、それを当面の「ベトナム戦争反対」「沖縄を返せ」という政治課題と結びつけ、資本家・政府と真向からたたかいを展開した。

一九六二年、組合の総数は四万八千（八百八十万人）、スト千三百件、参加者数百五十万人。一九六三年、組合の総数五万（九百三十万人）、スト千百件、参加者百二十万人。一九六四年、組合の総数五万二千（九百七十万人）、スト千二百件、参加者百五万人となっている。（労働省「労働統計年報」より）

この数字を見ただけでも、この間いかに労働者が搾取され、低賃金で過酷労働を強いられてきたか、それに対する労働者の怒り・反撃の状況がよく分かる。これが池田内閣の「所得倍増」というバラ色の政策の実体であり、その破綻を示していると言えるだろう。

池田内閣は「所得倍増」政策を打ち出し、その成果として「歴史上かつてない〝高度成長〟が続き、それは『神武景気』『岩戸景気』と言われ、国が豊かになった」とマスコミを使って大宣伝した。しかしそれは全くの虚構であったことは前述のとおりである。

民族独立と米軍侵略

この間米国と関わりをもつ国際情勢は大きく変動し、民族の独立をめざすたたかいが米国の前に立ちはだかった。米国は自国の裏庭と称するカリブ海地域の諸国に影響力を堅持しようとして、武力をもって諸国に介入した。中でも一九五九年、社会主義国として名乗りを上げたキューバに対し、これを破滅させて支配下に置こうとし、キューバと国交を断絶した。一九六一年には米国の支援で編成された反革命軍をキューバに送り込んだが、たちまち反撃にあい撃退された。一九六二年には米国が核ミサイルでキューバに脅しをかけ、キューバはソ連に頼って核基地を建設するという「キューバ危機」まで演出し失敗した。

アジアでは、フランスの支配をうち破って独立をかちとったベトナムは、南北に分割され、北には社会主義政権が樹立され、南には米国が介入して反動政府ができ、米国は南の政府を支援して、北の社会主義政権の転覆を謀った。しかし南ベトナムでは、一九六〇年十二月南ベトナム解放民族戦線が結成され、米国の介入とたたかい、南ベトナムの反動政府を打倒して南ベトナム人民を解放するたたかいが発展した。

米国は解放戦線を北ベトナムの南への浸透だとして、折があらば北を侵略しようと企んでいた。一九六四年八月北ベトナムのトンキン湾に侵入していた米国の駆逐艦が北ベトナムから魚雷攻撃を受けたとして、米国は報復爆撃を行った。この事件を口実に米国は一九六五年二月から本格的に「北爆」を開始し、三月からは地上軍を投入してベトナム侵略戦争を開始した。

米軍のベトナム戦争への出撃基地となった日本では、米軍機の墜落や事故が相次ぎ、一九六四年四月を前後して、町田市、大和市や厚木市などで、米軍機が商店街に墜落するなど重大な事故が次々に起こった。

　また米国のベトナム侵略戦争に加担しようとする日本政府の姿勢に共鳴して、右翼・軍国主義思想が台頭し、「三無事件」（旧軍人らが共謀して起こしたクーデター未遂事件）や「三矢研究」（自衛隊幹部が仮想敵国との実戦を想定して図上研究を行っていた）などを行い、米国に従属して共同作戦、集団武力行使の準備をすすめようとする動きさえも起こった。

物品税導入

　こうした中、池田内閣は財政負担を大衆に転嫁し、大衆収奪によって財政の「健全化」をはかるとして「物品税」を導入した。これは不況をいっそう深刻なものにした。四大証券の一つといわれた山一證券が倒産の危機に追い込まれたのである。これは氷山の一角であって「自由競争」の中で大企業は食うか食われるかの戦場にさらされ、倒産の危機を逃れるために、企業合同や合併を行うところも出た。中小零細は切り捨てられ、倒産する数も増えた。すると池田勇人は「中小企業の幾つかが倒産してもどうと言うことはない」と開き直り、人々の憤激を買った。勿論労働者はそうした経済不況の中で最もひどい犠牲を強いられ資本家階級との貧富の差は大きくひらいた。それに対し池田は「貧乏人は麦を食え」と言い放ったのである。

一九五〇年頃から一九七〇年にかけて、二十年にも及ぶ「高度成長」であり「神武景気」「岩戸景気」から「いざなぎ景気」へと好況が続いたと宣伝されていた池田内閣の時代は、前記のような「高度成長」と称する虚構であった。この間の日本経済の破綻、崩壊をなんとか食い止めていたのは、エネルギー源の移行とそれにともなう産業構造の転換への投資と新市場の開拓であり、折からの米国のベトナム侵略戦争準備・戦争開始によって日本に発注された「ベトナム戦争特需」であった。

このような情勢の中で、池田内閣は、池田首相が病気で倒れ、一九六四年十一月に総辞職し、後継として佐藤内閣が誕生した。

佐藤内閣――反中国・反共

佐藤内閣当時のアジア情勢は、激動のときであったと言えよう。米国の反共・中国包囲網の一環として、吉田茂が台湾を訪問し蒋介石と会談。蒋介石の「大陸反攻」を支持し援助をおしまないと蒋を激励した。一九六四年八月には「トンキン湾事件」というデッチ上げで、一九六五年二月から本格的な米軍の北爆が始まり、日本の米軍基地はあわただしくなった。中国はこれに対抗するように、原爆実験を成功させた。日本では岸内閣以来続いており、むしろひどくなっていた反中国政策が強化された。一方では日中の民間友好交流で、東京において中国展が開催されるといった状況もあった。また一九六四年五月にはソ連議員団が来日し政府関係者や政・財界との交流も行われた。日本が最大の貿易相手国としている米国との関係では日本の生産力の向上とともに貿易摩擦が次第にあらわになってきつつあった。そうしたとき米国は、日本政府に米国原子力潜水艦を寄港させよと迫り、一九六四年八月政府は寄港を受諾した。勿論世論はそれに反対し、原潜入港反対の行動が起こった。

このような情勢のもとで佐藤内閣は、早速「アメリカ詣で」ということで訪米し、米大統領ジョンソンと会談した。会談では、ベトナム情勢、沖縄問題、朝鮮半島情勢、中国問題や日米貿易問題（特に繊維・自動車など）が討議されたと伝えられている。

日本経済への圧力

佐藤首相が帰国するや、一九六五年七月日米経済政策会議が開かれ、繊維問題について討議された。ナイロン繊維製品の生産力を誇る米国は折からの日米繊維摩擦を米国に有利に解決すべく、日本製品の輸出は制限、米製品の輸入自由化を迫った。会議はほぼ米国の要求を受け入れた。また自動車問題も、次第に生産力を増強し、輸出の主力となろうとしている日本製自動車の米国輸入に制限を加えようとしたが、完全な合意には至らず一定程度の輸入自由化を認めた。

日米貿易がこのような様相ですすむことによって、日本産業は大きな打撃を受けた。一九六五年に入ると、中小の繊維業が次々と倒産し始めた。十月には自動車輸入の自由化によって、自動車産業界は危機を深め、一九六六年四月自動車業界再編の動きが始まった。日本経済は大きくゆらぎ始め、政府は経済成長の破綻を支えるために、資本家・企業への融資を増大させ、その財源として、それまでタブーとされてきた赤字国債の発行（一九六五年六月）に踏み切った。経営危機に陥った山一証券の救済に乗り出した（一九六五年五月）のも政府の経済支援策の一環であった。国内では自由競争のもとで企業は食うか食われるかの生産競争を行い合併、合同、倒産も起こってきた。過剰生産である。資本は過剰生産から起こる市場狭隘《きょうあい》化・経済恐慌から逃れるために発展途上国に市場を求め、政府は米国に促されて、一九六四年四月ＯＥＣＤに加盟した。ＯＥＣＤは一九六一年米国などを中心にして、先進工業国の経済協力機構、経済成長・途上国援助、通商拡大を目的として作られた国際機構である。

沖縄・ベトナム・日「韓」条約

佐藤首相はまた、国内で次第に高まる「沖縄を返せ」「ベトナム戦争反対」の集会、デモや世論の高まりを、佐藤・ジョンソン会談で議論し、沖縄返還に米国が窓を開こうとしていることを受けて、一九六五年八月「沖縄返還」について実現の方向で努力すると発表した。佐藤が「沖縄返還」と言うのは、沖縄米軍基地の米国負担を日本が肩代わりすることであり、日本全土の「沖縄化」を狙ったものであった。一九六六年三月佐藤首相は「沖縄防衛に日本人も参加」するのだと言明し、基地や自衛隊の増強をはかった。また青少年に対する「愛国心」「国を守る使命感」を育成するとして教育の反動化推進のために、一九六五年一月には「期待される人間像」を発表して、それを教育の場に具体化してきた。

このような佐藤内閣の対米従属、軍国主義政策に対して、全国各地、職場から強い反対のたたかいがわき起こった。一九六四年八月ベトナム戦争反対の中央集会が開催され、各地で集会・デモが行われ「トンキン湾事件」というデッチ上げのベトナム侵略戦争突入の口実を糾弾し、米国のアジア侵略政策とそれに追従する佐藤内閣に反対するたたかいが起こった。

またこの時期、米国の北朝鮮敵視政策を具体化する日「韓」条約締結に反対するたたかいが高揚した。米国は日本と「韓国」に同盟を結ばせ、北朝鮮への再侵略の第一線部隊とすべく一九六五年六月、両国に強い圧力をかけ、日「韓」条約を結ばせ、日「韓」請求権協定に調印させた。日「韓」条約第三条は「朝鮮半島の唯一合法政府は『韓国』政府である」と述べ、北朝鮮を無きものとする敵意をむき出しにしている。こうした日「韓」条約に対して、「韓国」では全土で大規模な反対闘争が起こり、朴政権は非常戒厳令を発し、ソウルでは軍隊が大学に突入して「流血の大弾圧」を行うという事態をひき起こした。日本においても、全国で日「韓」条約反対のたたかいが巻き起こり、国会では警察官が導入されて警察の暴力による反対勢力排除、条約強行批准が行われた（一九六五年六月）。この問題は今日迄尾を引いており、安倍政府が「徴用工問題」で「国際法違反」だと叫ぶことは絶対に許し難いことである。

米国のアジア侵略戦争を支持し、戦争準備のために第三次防衛計画による防衛予算の増大や大企業の市場拡大を援助する投融資などのために大衆収奪、労働者搾取を企む佐藤政府に対して、総評を中心として「賃金を上げろ」「物価高騰反対」「公共料金値上げ反対」を掲げて一九六六年二月「物価メーデー」が挙行された。同年四月には公務員共闘、交通労組が連帯してストライキ闘争を決行し、〝ベトナム反戦〟〝沖縄を返せ〟という政治課題と結びつけてたたかった。

佐藤訪米

こうした佐藤政府の対米従属、戦争準備の政策に反対するたたかいが大きく発展しつつあるとき、佐藤内閣はなお米国の政治・経済面での圧力に屈従し、米国の走狗となって、次々と提示される課題に対応した。一九六七年六月資本取引の自由化が導入され、米国資本の日本への進出、日本資本のアジア諸国への進出がはじまった。一九六七年十月には佐藤首相が東南アジア諸国を訪問し、日米資本の導入への布石を打って歩き、同時に中国包囲網を形成して、米国の中国侵略のお先棒を担ごうとした。これは明らかに米国のベトナム侵略戦争に加担するために日本の首相が南ベトナムを訪問するというものであった。これを阻止するために全国的な世論を背景に日本の若者達が先頭に立って、大集会、デモを決行し、羽田空港に迫った。この隊列に対して警官隊が暴力的な妨害行動で混乱をひき起こした。この衝突によって学生達の中に重軽傷者が続出し、遂には京都大学一回生の山崎博昭が警察護送車にひき殺されるという流血の惨事に至った。第二の「樺美智子さん事件」である。このような事件をひき起こしながら、佐藤首相は反省の色もなく、一九六七年十一月訪米してジョンソンに「お伺い」を立てようとした。日米首脳会談は、米軍が劣勢に追い込まれつつあるベトナム戦争を日本の更なる協力で立て直したいという内容と「沖縄を返せ」の世論に押されながらも、米国の沖縄基地負担やその他の重荷を日本政府に肩代わりさせ、米国は「借り受け」で日本全土の沖縄化が得策として、沖縄返還の行程を話し合ったのである。

非核三原則のペテン

佐藤首相は帰国するや同年十二月国会答弁で「非核三原則」即ち核兵器を「作らず持たず持ち込ませず」と言いながら一九六八年一月には米原子力空母エンタープライズ佐世保入港を承認した。現地だけでなく全国的な入港阻止闘争の発展にも関わらず、日米政府は二月に沖縄にB52を大量配備した。B52はいつでもどこでも原爆投下できる大型爆撃機である。沖縄立法院は直ちに全会一致で反対決議を行った。こうして「非核三原則」がいかにまやかし政策であるかということが暴露され、その後「沖縄ニセ返還」で「核抜き」というペテンを首相が言明するが、大方の人々は信用しなかった。

このような意図をもって強行した佐藤首相のベトナム訪問、米国訪問に対して日本の若者達は正義感に燃え、日本の未来のために敢然とたち上がり、阻止闘争を繰り広げた。これは労働者を大いに励まし、多くの人々の共感をよんだ。学生達はたたかいの中で団結の力を自覚し、敵を明らかにしてたたかう意義をつかみ、政治的な自覚を高めた。

学園闘争

学生達は自らの学園に帰り、学園内で起こっている諸問題を自らの力で解決すべく、学園闘争にたち上がり、高まった政治的自覚に基づき、たたかいの正しい方向を見定めて、団結を強固にし、闘争を発展させた。一九六八年前後、日本全国で若者が決起し、全国約二百校にも及ぶ大学で学園闘争がたたかわれた。

東大では一九六七年二月十一日神話に基づく架空の「建国記念日」に反対して、政府の作った休日に敢えて自主登校し、反対の意思表明をした。医学部学生は、政府の企む医師法の改悪（インターンを登録制にして医師への権力統制を強める）に反対して無期限ストに突入した。大学当局がこれに対し、学生十七人を処分したことで、紛争はいっそう拡大し、卒業式は取り止めとなり、大学院生を中心にした青医連の学生七十人が安田講堂を占拠した。当局は警官を導入し、機動隊の突入で大混乱をひき起こした。それに抗議して東大九学部がそろってストライキに突入した。一九六八年十一月一日大河内学長は辞任し、学部長全員が辞任し、学生の処分は取り消され、ストは解除された。しかし後任の加藤学長代行と学生の間の団体交渉は継続し、一九六九年一月十日「確認書」に署名が行われ各学部の閉鎖は解除された。こうした紛争の影響によって、一九六九年度の入試は中止となった。

東京教育大では、一九六七年二月十一日神話に基づく根拠のない「建国記念日」に反対して全学登校を実施した。大学の筑波移転によって、学部の再編と教授の選任が強制され、反動教育体制に移行しようとする当局の企みに反対して学生は授業放棄に入った。文学部では筑波移転反対のストライキに突入し、全学生が決起して、大学本部を占拠するに至った。一九六九年度の入試は中止された。

九大では米軍機の構内墜落に抗議して、学生を先頭に全学抗議集会が開催され、五千人の学生・教官が集まった。

国際基督教大学では、入試に能研テストが導入されるということで、これに反対して学生が本館を占拠した。能研テストは採用しないと当局は発表した。

日大では、経理不正が暴露され、学生達はこれに怒って緊急集会を開き、五百人の学生が集まり当局の責任を追及した。紛争は拡大し、古田学長が団交の席で誓約書に署名した。これに対し佐藤政府が介入して機動隊が導入され、学生達を排除して、古田署名の誓約書は破棄された。この闘争で日大学生百三十二人が逮捕された。

大阪市立大学では、米軍の資金による研究費の援助に反対する学生の闘争が起こり、当局はこれを辞退すると決定した。

京大でも米軍の援助資金に反対するたたかいが起こり、辞退を決定した。大学院に現役自衛隊員が入学するのに反対して全学ストライキが決行された。また吉田・熊野寮問題で学生の自治が犯されるとして、自治擁護、民主化のたたかいが起こり、京大紛争は激化した。

近畿大法学部では、教授昇任に文部省が介入してきた。学生達を主力に大学の自治擁護、民主化を求めるたたかいが発展した。

法政大学では、学生不当処分に反対して学生達はストライキ闘争と同時に大学本部占拠を行った。当局は警官隊を導入し、二百七十五人が逮捕された。

中央大学では、授業料値上げに反対して全学ストを行った。当局は交渉に応じ、授業料値上げを撤回した。

日本の若者はこのようにして、自らの学園の課題を仲間と団結してたたかい、解決しようとして敢えて授業放棄やストライキ、学舎の占拠などあらゆる手段を駆使してたたかった。先の佐藤訪米阻止など高い政治的課題に向けてたたかった中で培った敵と味方を鮮明に認識する階級的な意識と政治的自覚を持って、彼らは各自の学園でそれぞれの課題に向かって団結してたたかった。学生達は団結の力と課題解決への道筋を正しく認識し進む方向性を身につけ、たたかいは諸課題の元凶である「日米安保」そしてその根源となっている資本主義制度を崩壊させることで諸課題の中を貫く矛盾を解決し、新しい社会へと展望が開けることを自覚するようになった。

政治課題のたたかい

学生達は学園闘争で獲得した団結の力を政治的課題のたたかいへと発展させる力に変え街頭に進出した。一九六八年一月東京北区米軍王子キャンプにベトナム野戦病院が開設された。北区学連は「日本本土までベトナム戦争に巻き込むのか」と怒りを燃やして反対集会・デモを行った。この隊列に警官隊が襲いかかり百五十七人の学生を不当逮捕した。

エンタープライズ寄港阻止のために、校門を出ようとした法政大学学生集団に対して、待機していた機動隊が突っ込み百三十一人の学生を逮捕した。一九六八年一月十六日博多駅で待ち受けていた警官隊千四百人が到着した学生四百人と衝突、大混乱に陥った。「過剰警備」だということで国会でも問題にされた。一九六八年一月十七日　佐世保でエンタープライズ入港阻止を掲げる学生八百人と警官隊千四百人が衝突。警官隊は警棒を使用し、重軽傷五百十九人逮捕学生二十七人となった。東京、外務省に向かった学生八十九人が逮捕された。

一九六八年二月二十六日　成田空港建設が地域住民の意思を無視して強行されることに反対し、三里塚・芝山同盟と学連が団結して集会を開き千六百人が参加、デモ行進に移ると警官隊が突入し乱闘となった。このとき責任者の一人戸村一作が重傷を負った。

同年三月、米軍キャンプ王子病院開設に対し、東京都議会は、開設反対の決議をした。学生達七百人がそれに呼応してデモを行った。警官隊がデモを阻止しようとして百七十九人を逮捕した。

学生達は学園闘争を経て、一層正義感に燃え、団結の力を強めていき敢然と政治闘争をたたかった。これに恐れをいだいた佐藤政府は、学生デモを騒乱罪として摘発するといい、警視庁は、大学の要請なしに学内へ出動できると発表した。しかし学生達はそれにひるむことなく、軍国主義化反対、米軍基地撤去、核持込反対のたたかいをおしすすめ全国的に盛り上がっていた沖縄無条件返還のたたかいへと合流し、佐藤政府に沖縄返還を迫った。

国会では、野党が「沖縄無条件返還」の実現を佐藤内閣に迫ると同時に、佐藤首相が米国と取り引きし、「核持込み」を容認、「本土の沖縄化」をはかり、米軍基地の強化をおしすすめる「沖縄ニセ返還」の企みに対して、一九六八年三月七日社会党代議士の穂積七郎が議場において佐藤首相を「売国奴」だと言って責任を追及した。広範な人々の共鳴する発言であった。

このようにして学生達は「ベトナム侵略戦争反対」「沖縄返還」（ニセ返還を許すな）「安保粉砕」（自動延長反対）といった重要な政治課題を、佐藤政府の対米従属、日本の軍国主義化に反対するたたかいと結びつけて闘争を発展させた。新聞、テレビ、週刊誌などマスコミは、筆を揃えてこのような学生の運動、闘争を「アカ学生」達や「狂信者」の扇動だとか「セクトの抗争」「血で血を洗う」などと虚言をふりまいて人々をあざむき、「暴力学生」(ゲバ学生)の蛮行で「市民の平和を乱して」いると大キャンペーンを張った。これは米日独占資本・反動政治家の本音であり彼らの悲鳴であろうと思われる。これに呼応して正義感に燃えて決起した若者達を「ゲバ学生」とよんで虚像を市民に印象付けようとする佐藤政府は「安田講堂攻防戦」という田舎芝居顔負け演出を試みた。そのために用意した大道具・小道具は：機動隊員八千人、警備車七百台、ヘリコプター三機、カッター二十三台、エンジン削岩機四台、はしご車十台、消火器四百七十八本、催涙ガス弾四千発、トラック六台などであった。その効果はご存知の通り、如何に佐藤政治が貧困であるか、目的のためには自国人民の人権をも踏みにじる、ということを衆目にさらしたのであった。

マスコミを動員したこのような謀略に怯《ひる》むことなく学生達は、全国の学園・地域を基礎にたたかいを進め、一九六九年十月二十一日総評など労働組合のよびかけに応えて、国際反戦デーの「安保」「沖縄」「ベトナム」問題を結びつけた統一集会に市民と共に参加し大きな成果を上げた。この集会は全国六百カ所で開催され、八十六万人の労働者・学生・市民が参加した。この集会に対して政府は警官隊を動員し、千五百五人の逮捕者を出した。

また翌一九七〇年六月十四日には、三十三都道府県で開催された「安保破棄」統一決起集会にも学生達は積極的に参加し、全国で五万三千人が結集した。

このような行動を通して、日米安保破棄、自動延長反対の世論は全国からわき上がり、佐藤政府を追い詰めた。佐藤首相は六月二十二日院内で「日米安保条約は自動延長されました」と声明文を読み上げるだけであった。

沖縄返還

一九六〇年代「ベトナム戦争反対」「沖縄無条件返還」「安保粉砕」のたたかいが全国的に巻き起こり世論を喚起した。一九六五年一月佐藤首相が訪米し、ジョンソンと会談。「極東の安全のため、米軍基地は重要である」ということに合意した。これは沖縄返還の声が高まり世論が大きくなっていく情勢に応えるかのような姿勢を見せている佐藤首相の裏切りだとして、この声明に反対する強い反対闘争が起こった。佐藤首相は現地の人々の理解を得ようとして米軍基地の主力が存在する沖縄を訪問した。沖縄の人々は全県を上げて佐藤首相の裏切りを糾弾する行動に出た。「佐藤帰れ！」という五万人にも及ぶ集会が開かれ、佐藤との面会を求めた。佐藤首相は恐れをなし、空港から一直線に米軍基地へと逃げこんだ。一国の首相が国の運命を左右しかねない問題で他国の首脳と合意しながら、自国の人々の意見を聞こうとしない行動に対し、全国から非難と怒りの声が上がった。

一九六五年七月にはB29ベトナム出撃に反対し、琉球立法院は「戦争行為反対」の決議を全会一致で採決し、県民はこぞって反対、抗議行動を起こした。本土でも一九六八年十一月首都の学生達が連合して「安保反対」「沖縄返還」の大集会を開催しデモ行進を行った。警官隊がデモ行進の行手を妨害し、大混乱に陥り、八百五十六人が逮捕された。一九六九年二月には沖縄の基地に配備されているB52を撤去せよという集会が沖縄で開催され五万五千人が参加する大集会となった。それにも関わらず佐藤首相は、一九六九年三月に岸信介を訪米させ、米国政府に対して「沖縄基地自由使用」を約束し、いっそうの米軍基地の強化と侵略基地としての機能強化をはかった。

佐藤政府のこのような策略に全国から怒りの声が上がり反対闘争が巻き起こった。一九六九年四月沖縄デーでは、全国各地でスト、集会、デモが行われ、中央集会には十三万人の人々が結集した。同年六月には全沖縄軍労組（全沖労）が賃上げ、解雇反対で二十四時間ストに突入。これに呼応し労組・学生・市民が「沖縄無条件返還」の意志をこめて集会、デモを行った。これに対し武装米兵が介入しデモ隊と衝突。安里積千代《あさとつみちよ》社大党委員長ら多数の負傷者が出た。米軍はその後も武装米兵を動員して「沖縄ニセ返還反対」「無条件返還」「米軍基地撤去」を求めるスト、集会、デモを妨害し続けた。銃剣の前に胸を張ってたたかう島民のたたかいは怯むことなく高揚し、全国のたたかいも発展した。一九六九年十一月「佐藤訪米阻止」をかかげて沖縄では十万人集会が開かれ、全国の六十七単組、八十三万人がストに突入した。

このような情勢のもとで佐藤首相は訪米しニクソン大統領と会談した。会談の内容は、日米安保の堅持を確認、日「韓」は共同して北朝鮮と対峙する、そのために日本の米軍基地を出撃基地として拡大強化し、沖縄は一九七二年をめどに返還する、ということであった。両首脳会談を前にしてキッシンジャーはニクソン大統領に「日本では沖縄返還を求める闘争が激化しており、無視できない。沖縄基地は米国が保持運営している現状で、米国の経済負担が大きすぎる。主権を日本に渡して基地負担は全て日本に負わせ、沖縄だけでなく日本全土の基地を米軍が自由に使用する方が得策である。核兵器は日本政府に持込みを認めさせればよい」といった趣旨の提言をしていた。

同年十一月二十一日ニクソン・佐藤会談の共同声明が発表された。その内容は前述の会談内容を確認し合意したということであり、別に密約で「本土の沖縄化」「核兵器持込容認」「返還費用の日本側負担」に合意していた。

これに対し十一月二十二日野党各党は総反発し、日米共同声明は本土の沖縄化であり、有事に核持ち込みの道を開いたと反対を表明した。屋良琉球政府首席は形式的な基地の本土なみは容認できないと声明した。沖縄のみならず共同声明への怒りの声が上がり、沖縄では抗議集会に七万人の人々が参集し、全国各地で抗議行動が起こり、警官隊との衝突事件も頻発した。自衛隊の中からも戦争反対の動きが起こり、航空自衛隊佐渡島基地内で、自衛隊員による反戦ビラが張りだされた。

そうした中で一九七一年六月十七日沖縄返還協定の調印式が行われた。琉球政府屋良首席はこのニセ「沖縄返還」協定に抗議して調印式への出席を拒否した。

全国的に大きな反対・抗議の行動が巻き起こった。六月十五日明治公園に都内の多くの大学の学生達が抗議集会に続々と集まってきた。警官隊はこれを待ち受け大混乱となり多数の負傷者、逮捕者が出た。

十一月十日沖縄県祖国復帰協議会は、返還協定批准に反対して県民大会を開催した。全軍労・全官公・教職員組合など十万千五百人が結集し二十四時間ゼネストに突入した。本土では沖縄ゼネスト連帯中央集会が東京で開催され、四十二都道府県、三百二十六カ所で集会、デモがくり広げられた。十一月十九日には総評・中立労連など四十四単産二百万人が、返還協定強行採決に抗議して政治ストに突入した。

このようにして、沖縄をはじめ全国で、「沖縄ニセ返還」に反対して佐藤政府を糾弾し、米軍基地を撤去せよ、核持ち込みを許すな、日米安保を破棄せよ、という怒りの大集会・デモが展開され、佐藤政府を窮地に追い込み、米国の日本支配に大きな打撃を与えた。しかしこの禍根は今日にも残り、米軍基地は日本全土において禍いのもととなっている。

政界の黒い霧

佐藤政府の対米従属、反動化政治のもとで内閣は次第に腐敗し腐朽の度を強めた。閣僚の汚職、腐敗事件が相次ぎ、財界との癒着による不正事件、政治の私物化が暴露された。

一九六六年八月五日の新聞に、自民党代議士田中彰治の公有地払下げに関わっての恐喝、詐欺が報道された。同年九月荒船運輸大臣が選挙区の深谷駅に急行を停車させるよう圧力をかけたことが暴露され、日「韓」閣僚懇談会に財界人を同行して問題となった。松野農林大臣は、日加閣僚委員会に財界人を随行させ、観光旅行を行った。上林山防衛庁長官は、自衛隊機でお国入りし、恐喝事件で保釈中の人物と同行した。山口代議士は、インチキ手形発行の社長の仲人を引き受け、その内実が暴露された。
その他政治家と財界人の癒着と共謀の汚職事件が摘発され、佐藤首相の造船疑獄事件に見られる政治の私物化体質がそのまま閣僚・政治家に具現されており、これらは氷山の一角であることが衆目にさらされた。終末期を迎えた佐藤政府の不届きな行為であり哀れな姿であった。

経済政策の破綻

池田内閣の「所得倍増」「高度成長」は虚構であり「貧乏人は麦を食え」に象徴されるように労働者の実質賃金はむしろ低下し、生活は苦しくなる一方であった。そして「中小企業の二つや三つ倒産したって……」と言う池田の発言をはるかに上回る中小零細企業の倒産が相次ぎ、景気は下降線を辿っていった。佐藤政府はその上に米国との関係で「繊維摩擦」「自動車産業への圧力」という重荷を背負わされていた。

日本の繊維産業は国内需要を上回る生産過剰で、対米輸出に大きく依存していた。米国では化学繊維の発明による生産の急速な伸びで、日本からの繊維輸入は生産のさまたげになるといい、日米の間で繊維摩擦が起こった。佐藤首相はニクソンとの会談で、米国の圧力に屈し、一九六九年六月三十日現在の年間貿易の水準を上限とする、ということで合意した。しかしそれは日米両業界の反発を受け、米下院議員ミルズの提案によって、日本が自主規制することで合意した。日本の繊維産業にとっては大きな打撃であった。自動車業界でも、日本車が大量に米国へ輸出され、米国市場で米国車と競い合いはじめた。米国は日本に対してきわめて厳しい輸出規制を要求し、佐藤政府はそれをのんだ。牛肉・オレンジ等農産物も同様に、米国からの輸入を自由化するように要求され、米国の要求通り輸入自由化となった。日本農業は次第に圧迫され、酪農業界では廃業が相次ぎ、ミカン農家は転作を余儀なくされた。日本経済は深刻な不況に陥った。オリンピックブームは消え「家電三種の神器」も需要は頭打ちとなり、自動車産業は過剰生産となり在庫があふれた。ベトナム特需は米国のベトナム侵略戦争が泥沼状態となり、そこから抜け出すのに懸命で、軍需産業どころではなくなり、日本は頼りの綱を失った。

企業は工場の操業短縮や休業、倒産するところもあり、労働者は一時帰休や自宅待機、首切りにあい、失業者は次第に増加した。米国もベトナム戦争の戦費支出で甚大な財政難となり、経済不況に追い込まれた。欧州も例外なく、過剰生産恐慌の荒波にもてあそばれ世界的な経済恐慌へと流されていきつつあった。

このような情勢のもとで、佐藤政府は構造改革の政策も樹立できず、また「黒い霧」に象徴される腐敗堕落を世にさらし、世論に背を向けられ、地方自治体の選挙でも東京や大阪など主要な都市で革新首長が次々と誕生した。また政府と財界の癒着問題で、「政治資金規正法」が議論され、佐藤首相の政治姿勢について、青山参院議員に「あなたは財界の男メカケか」と追及される始末であった。その上米国の経済破綻による「ニクソンドル防衛」のドルショックで、日本の中小企業は致命的打撃を受けるといった状態になった。

佐藤政府の命脈は尽き一九七二年二月六日、佐藤内閣は総辞職した。

一九七〇〜一九八〇

田中角栄首相とリチャード・ニクソン大統領

列島改造
高速交通網
住宅団地
原子力の「平和利用」
日中国交回復
産業構造転換
省エネ
田中退陣
米国のアジア新戦略
中国情勢
自衛隊軍備増強
経済破綻
人民闘争の発展
原発事故・米原子力艦入港

列島改造

一九六〇年代の日本経済は、「所得倍増」「高度成長」という虚構のもとで、過剰生産の嵐に吹きまくられ、経済恐慌へと押し流されていた。「高度成長」を唱える産業構造のもとで、大企業による環境破壊が進み、都市の過密化、農漁村の過疎化が深刻な問題となってきた。また産業の高度化による自然の破壊、文化の退廃が進んだ。

米日独占資本と政府は、新たな産業構造の転換によって、これら諸矛盾の解決をはかろうとした。一九七二年に発足した田中内閣は、その対策として「日本列島改造論」を掲げ、長期にわたって引き続いている不景気（経済不況）から脱出できるかのような幻想を振りまいた。

田中政府の列島改造とは、産業構造と地域構造を積極的に改造しようとするものであった。即ち過密・過疎の矛盾を解消するために産業と文化と自然の融和を図るとしており、その具体化として、太平洋ベルト地帯に集中した工業の分散、都市改造と新地方都市の整備、これらを結ぶ全国的総合ネットワークの整備などを実現するとしていた。これは当初から「自然破壊」「公害」の全国拡散ではないか、土地の投機が起こり、地価の暴騰を招くであろうという批判が起きていた。バブル経済の発祥であった。

田中内閣は、列島改造論を具体的な政策としてうち出した。まず日本各地に人口二十五万人規模の新工業都市を建設する事業から始まり、「高度成長」時代の大都市への人口集中を是正するとした。大都市の過密化はそのような単純な政策で解決するようなものではないということは誰でも分かることであった。またこのような事業をすすめることで、引き続く「経済停滞」をおしとどめ、再活性化を図ると宣言したが、単にゼネコンの「活性化」にすぎなかった。

田中政府は一九七三年、新国土総合開発法を成立させた。これは大企業による猛烈な土地投機を制限し、インフレを抑制するため、としていたが、実質生産を伴わない政策であって、過剰生産による経済危機（第一次石油危機という）に拍車をかけるものであり、官民癒着の利益誘導政治を全面的に「合法化」（合理化）しようとするものであった。

田中内閣のいう「産業構造と地域構造の積極的改造」とは、単なる高速交通網の整備に過ぎず、土地の投機を招き狂乱的な地価の暴騰をひき起こすことになった。

高速交通網

高速交通網の整備とは、次のようなものであった。

一九五六年、米国からR・J・ワトキンズ調査団が訪日、名神高速道路建設計画を樹立。一九五七年四月、国土開発縦貫自動車道路建設法を公布し、同時に高速自動車国道法公布、高速道路網とその建設・運用の態勢が整えられた。一九六六年には、三十二路線、七千六百kmの予定路線を定めた。政治家が顔を出し、予定路線を「地元」へと政治介入・利益誘導が横行したことは周知の事実である。

新幹線については、一九五八年広軌別線建設方針が打ち出され、着工が始まった。一九六四年十月には国際標準軌間の新幹線で最高時速二百十kmを記録した。同時期に東京—大阪間が開通し、一九七五年山陽新幹線が開通した。一九七〇年五月には全国新幹線鉄道整備法が公布され、自民党議員達の「地元誘導」「新駅設置」の奪い合いが演じられた。一九七一年には東北、上越の各新幹線が着工された。「オイルショック（石油危機）」と称する経済恐慌に襲われ、工事が大幅に遅延。その他山形・秋田新幹線は「ミニ新幹線」として、在来線を国際標準軌間に改軌することで「新在直通方式」という苦し紛れの「新幹線」も計画された。

このような高速交通網の建設にあたって、自民党議員達の奪い合いが行われ、生活道路は無視された。また大震災や洪水などの復旧にあたって、ゼネコンなどの儲け口を提供することを第一とし、高速道や新幹線の復旧を最優先にして、被災者救援・復興は見捨てられた。これを「災害待望資本主義」といった人もいる。米日ゼネコンは「濡れ手で粟」であった。

住宅団地

一九六五年　地方住宅供給公社法が制定され、都道府県及び十都市で住宅公社が設立され、集団住宅の造成が始まった。戦時中の軍用地や農地・山林を切り拓いて、分譲住宅、賃貸住宅、官・公舎を提供するとして都市郊外に大高層住宅団地がつくられていった。団地にはショッピング・センター、マーケット、郵便局、銀行、診療所、遊園地、幼稚園、学校、緑地やバス・ターミナルも設置された。今日各地でゴースト・タウン化（住民の高齢化、転勤などで若者の流出、転居）し、現在「都市再生機構」（二〇〇四年設立）がその整備、維持管理や再開発に苦闘しているのを見ることができる。

原子力の「平和利用」

このようにして「列島改造」が具体化していく裏では、「原子力の平和利用」というペテンで大量殺戮兵器のエネルギーである原子力を使う原子力発電所の企画・建設が進行していた。人々の文化生活に役立て、「公害」はゼロだと言って、米国から日本へ原子力発電所の売り込みが始まり、過疎地を狙って原発の建設強行が進められた。

一九五三年十二月、アイゼンハワー米大統領は国連総会において「国連の後援による国際原子力機関を設け、原子力の平和利用を行う」と演説した。この演説の背景には、核兵器廃絶を求める世論の高まりと、米国の財政逼迫があったといえよう。米ソ冷戦のもと、両国の核兵器生産拡大競争はエスカレートし、数百発、数千発の核兵器が地球上に存在することが明らかになった。それにイギリス、フランス、中国などが加わって、核軍拡競争は地球を破滅させるのではないかという危惧が国際的な世論として高まった。しかも核軍拡競争は莫大な軍事費を必要とし、財政圧迫の大きな要因となった。

米国の原子力産業は行き詰まり、海外にその市場を求めた。米国政府としても、その軍事目的からして、原発稼働によるプルトニウムの産出と、その技術保存のため輸出した原発の管理が必要であった。その目的達成のために選ばれたのが日本であり、米国は日本に対し、「原子力平和利用」というペテンで原子力発電所建設の売り込みを図った。

一九五四年三月一日、米国はマーシャル諸島のビキニ環礁で水爆実験を行った。たまたま岩礁から約八十五マイルの地点でマグロ・トロール漁の操業中であった第五福竜丸が被曝し、乗組員全員に「死の灰」が降りかかって、久保山無線長が死亡した。この報が世界を駆け巡り、核廃絶の世界的世論は大きく盛り上がった。日本は世界唯一の被爆国であり、反核世論の強いなか、政府は原発の受け入れを強いられ、立場は苦しかった。そこで打開策を民間に委ねることにしたといわれている。日本からは読売新聞から人が送り出され、米国側はワトソン（ＩＢＭ社長）が代表として会談を行った。読売側から「日本には昔から毒は毒をもって制するということわざがある。原子力は諸刃の剣だ。原発反対を潰すには、原子力の平和利用を大々的にうたい上げ、それによって偉大な産業革命の明日に希望を与えるしかない」と提言した。ワトソンは「よろしい。それでいこう」と応じ、政府間ではなく、あくまでも民間協力ということで「原子力平和利用使節団」を日本へ送ることを決めた。

一九五五年元旦に読売新聞は社告を出してこれを広く国内外に公表した。早速「原子力平和利用」の具体化として、「原子力平和利用博覧会」を十一月一日から十二月十二日まで六週間の会期で開催することを決定した。その会場を、「毒をもって毒を制する」という意図で、米帝国主義が飽《あ》くなき野望の意図を持って、原爆を投下し、閃光一閃数十万人の犠牲者を出した「広島」としたのである。彼らはこれを「ショック療法」と称し、反原発の根拠地を消し去ろうとした。一九五五年十一月一日から十二月十二日まで四十二日間、連日約二万人の人々が、全国からこの「原子力平和利用博覧会」の見学におとずれ、総計七十数万人と言われた。この様子を目《ま》の当たりにして、広島の被爆者達は、主催者の極悪非道な意図に悲憤慷慨し、悲痛な思いに駆られたであろうことは想像に難くない。この博覧会を機に反原発闘争の火をかき消そうとした主催者の思惑とは裏腹に、広島を中心とした核兵器廃絶のたたかいの炎はいっそう燃え上がり、全国、全世界の闘争として発展した。

政府は、中曽根康弘と正力松太郎を米国に送り、米当局と話し合いをさせ、米国の意向を受けて、日本に原子力発電所を建設する画策を始めた。一九五四年三月、中曽根康弘、斉藤憲三、稲葉修、川崎秀二を提案者とする原子力予算が衆議院に提出された。その後、中曽根康弘が中心になって原子力委員会設置法や科学技術庁設置法などが成立し、科学技術庁や原子力委員会が設立され、原子力委員会の初代委員長に正力松太郎が納まったのである。

一九五七年、日本原子力発電株式会社が創立され、茨城県東海村で一九六〇年、英国からの輸入炉の建設を始めた。日本原子力開発機構も同村に米国から輸入した動力試験炉（ＪＰＤＲ）を建設し、一九六三年十月日本初の発電に成功した。その後政府は、全国九電力会社に働きかけ、米国政府・電力独占の意向を受けて、米国型軽水炉を主に、過疎地を狙って利益誘導、権力による圧制、カネをばらまき人々を籠絡するなど、あらゆる手段を使って原発建設反対の運動をおさえこみ、次々と原発を強行建設し始めた。当然現地では激しい反対運動が起こり、各地で住民・農漁民・労働者・学生・市民と電力独占・政府との間で激烈な闘争が展開され、今日なおたたかいは続いている。

日中国交回復

岸・池田・佐藤内閣と引き継がれた反中国政策のもとで、日中政府間は冷えきっていたが、日中両国の民間交流は次第に大きくなり広く行われるようになった。

一九五二年、帆足計ら三人の国会議員が訪中し、中国国際貿易促進委員会首席南漢宸《なんかんしん》と北京で会談、日中民間貿易協定を結んだ。そうした中、一九五八年長崎市で開催中の中国展で、暴徒が中国国旗を引き下ろすという事件が起こった。これは岸信介らの「反中国」「親台湾」という極右翼反中国政策の端的なあらわれであった。

一九五七年四月、社会党訪中使節団（団長浅沼稲次郎）が中国人民外交学会会長奚若《けいじゃく》と会談、共同コミュニケを発表した。浅沼稲次郎は「アメリカ帝国主義は日中両国人民の共通の敵」であると声明。「安保反対」「米軍基地撤去」をかかげてたたかう広範な日本人民を大いに励まし、幅広い支持を得た。

一九六二年十一月、中国の廖承志《りょうしょうし》と日本の高崎達之助の会談が行われ、日中総合貿易（LT貿易）が協定された。これは一九六八年三月から日中覚書貿易と改称され、一九七〇年四月には、周恩来・松村謙三会談が行われ、日中貿易協定の調印が行われた。その中で、一九六九年の沖縄返還交渉の日米共同声明はアジアの脅威であると言及し、周恩来首相は「日本の軍国主義復活を警戒、貿易取引企業の中の、台湾・『韓国』に投資している企業を明らかにする」と言明した。日本の多くの企業はこれに賛意を表した。

一九六〇年代後半から一九七〇年代に向けて、世界は経済不況の嵐に見舞われ、それは次第に経済恐慌へと大きく吹き荒れていた。そうした中で米国は、泥沼にはまりこんだベトナム戦争が抜き差しならぬ状況に陥り、国の財政を圧迫、経済危機に及んでいた。また全世界的にベトナム戦争反対の声が上がるなかで、米国でも大規模なベトナム反戦集会・デモが各地で大きく発展していた。一方核独占による対ソ関係の優位性は、ソ連の核兵器保有によって失われ、反ソ・反中の両面作戦は困難に陥っていた。その上に世界的な経済不況の波が押し寄せつつあり、米国はこの窮地から逃れる道を模索した。米国政府は、キッシンジャー（ニクソン大統領補佐官）を中国に送り、米中対立関係改善の糸口をつくり、合わせてベトナム戦争の終結とベトナムからの米軍の安全な撤退の方途を探った。この工作によって一九七二年ニクソン訪中が実現し、ニクソンの中国公式訪問によって、一九四九年以降断絶状態であった米中関係の正常化が始まった。更にベトナム問題では、一九七三年一月パリでベトナム和平協定の調印ができ、米軍の撤退もようやく実現した。
日本政府に対して米国は、徹底した反中国・反共政策をとれと強制してきており、岸・池田・佐藤内閣は米国の指示に忠実に従い、あらゆる面で反中国政策をおしすすめ、日中人民の友好連帯の動きを弾圧することさえも行ってきた。そのような抑圧にも関わらず、両国人民の友好連帯の運動は広く大きく発展し、日中民間貿易もまた次第に進展していた。

そうした情勢のもとでの米国政府の日本政府「頭越し」対中外交、ニクソン訪中であった。田中首相はこの状況を見て、この機をのがさず日中国交回復、平和友好条約を締結すべきだと判断した。一九七二年九月、田中首相、大平外相が訪中し、中国の周首相、姫鵬《きほう》外相と会談。日中共同声明を発表した。声明は前文と九項目から成り、その内容は日中両国の国交正常化と台湾と断交することであった。具体的には、一、中華人民共和国政府が中国を代表する唯一の合法政府である。二、台湾は中国の不可分の領土である。三、日華平和条約は不法無効であり廃棄されるべきである。四、中国の対日戦争賠償の請求放棄宣言。五、外交関係の樹立と大使交換。六、平和五原則（領土・主権の相互尊重、相互不可侵、相互内政不干渉、平等互恵、平和共存）と国連憲章に基づき武力による紛争解決をしない。七、アジア、太平洋地域における覇権反対。八、平和友好条約の締結。九、貿易、海運、航空、漁業など協約締結。であった。この共同声明調印の直後、日本政府は台湾との間の日華平和条約は終了したと表明した。台湾の国民政府は日本との外交関係を断絶すると通告した。その後日中友好連帯の運動は活発になり、日中貿易は盛んになって両国の利益に貢献した。そして一九七八年八月、園田外相と黄華《こうか》外相との間で日中平和友好条約が調印されたのである。

産業構造転換

一九六〇年代から一九七〇年代にかけて、日本政府は「高度成長」という虚構のもとで、低迷を続ける経済を活性化させようとして、エネルギー源を石炭から石油へと転換させ、産業構造の転換をはかり、併せて「列島改造」という大規模公共投資を行った。その裏では、「原子力平和利用」という「火遊び」も進行していた。

しかしそれは、大企業の傍若無人な利益追求でいっそうの環境破壊をもたらし、「四日市公害」や「水俣病」などに加えて新たに「光化学スモッグ」（一九七〇年七月頃から）や「高山イタイイタイ病」（一九七一年六月）が発生した。「公害」の元凶である大企業の責任を追及する声が全国各地で起こり、大企業・政府に迫る反公害闘争が発展した。政府はたまらず、その対策に乗り出し、一九七一年六月、環境庁を発足させ、たたかいの火を消し止めようとした。

他方、繊維産業は化学繊維を主力とした米国の繊維製品との貿易摩擦で、一方的に譲歩を迫られ市場を奪われて生産は停滞した。自動車は、米国の輸入制限で過剰生産となり、テレビもカラーテレビの米国への輸出に待ったをかけられるなど、国内の需要の激減と重なって過剰生産となった。食料品については、米国から牛肉やオレンジなど農産物の輸入をおしつけられ、日本の農家は大きな打撃をうけた。

日米繊維摩擦、自動車輸入制限や農産物自由化など、日米貿易摩擦に関わる日米交渉において、日本が次々に譲歩していく様子を見て、米国保険業界と政府は保険分野での日本侵出を企んだ。彼らは日本政府と交渉を重ね、一九七四年十月保険会社アフラックが「ガン保険」の業務を日本で行う認可を取った。その認可はアフラックが日本において独占的に営業することを認めるもので、他の保険会社のガン保険営業は認められていなかった。二〇〇〇年にようやく自由化が認められたが、その時既にアフラックはガン保険のシェア八五％以上を占めており、保険業界も日本市場が米国の思いのままに「開放」されたのである。

そうした時一九七一年八月、ニクソン米大統領が行った「金・ドルの交換停止、一〇％の輸入課金を含む八項目の経済政策の変更」によって日本経済の受けた衝撃は大きかった。過剰生産の危機に拍車がかけられ、経済恐慌へと陥った。「ニクソン・ショック」と言われている。過剰生産恐慌は世界的な経済現象で、米国も又経済恐慌の嵐に吹きまくられ「ニクソン・ドクトリン」によって逃れようとしたのであるが、それで救われることはなかった。

中東では一九七三年十月、イスラエルとアラブ諸国との間で「第四次中東戦争」といわれる戦争が起こった。この戦争で邪悪な侵略を重ねるイスラエルを支援する米国をはじめその同調国は、中東諸国にとっては許せない国々であった。中東アラブの産油国は「石油戦略」を発動し、イスラエルに同情的な国に石油禁輸措置をとり、同時に石油輸出国機構（ＯＰＥＣ）が原油価格を約四倍に引き上げた。米・日を含む石油依存度の高い国は大きな打撃を受けた。日本では不安定な経済とあいまって「狂乱物価」とよばれる物価の高騰を招き、国際収支は赤字となり、「経済成長」は夢と消えた。こうして世界経済は不況の奈落に落ちたのであるが、資本家・政治家達はその本質が経済恐慌であり資本主義の宿命であることを明らかにされることを恐れて、これを「オイル・ショック」（石油危機）と称した。

省エネ

政府・資本家はこの危機から脱出する方策を模索した。大企業の横暴によって作り出された環境破壊即ち「公害」の対策として「省エネ」という欺瞞政策を打ちだした。エネルギー源の大手である火力発電の熱効率をよくすれば燃料が少なくて同じ電力が得られるし、各家庭で電気やガスの消費を節約すればエネルギー消費が少なくなり、排出ガスを減らすことにもなると言い、こうしたことを「省エネ」と言った。

政府は、大企業の「省エネ」のための設備投資や毒物の流出を防ぐ設備に補助金を出し、省エネとよばれる製品を製造する企業に奨励金を出した。公害の元凶に罰金を科すのではなく、報奨金を出し再び労働者を犠牲にして大企業に儲けさせようとしたのである。省エネと名のついた自動車や家庭用品・電気器具は補助金があって安いし燃料代が少なくてすむ、といった宣伝が大々的に行われた。テレビのコマーシャルや新聞の広告には「省エネ」という言葉があふれた。政府も大いに宣伝した。火力発電や大規模工場のボイラーを熱効率のよいものに変え、煤煙の浄化装置を設置するなど大工事には、環境破壊先進国である米国の技術・設備が売り込まれた。省エネ商品を作る工場は旧生産ラインを壊して新生産ラインを作るか、新工場を建設するか、いずれにしても新たな設備投資である。一方では「列島改造」政策による高速道、新幹線建設、新空港建設や港湾改修という公共投資がすすめられた。政府・資本家はこのような施策で「石油ショック」と称する経済危機から逃れようとしたのである。

田中退陣

列島改造という田中内閣の経済政策は脆くも崩れ去り、折りからの世界的な過剰生産に基づく経済恐慌の嵐に巻きこまれて、日本経済は大きな危機にさらされた。経済危機から逃れようとする大企業と政治家は癒着を強め、政治を私物化して利権漁りに走り、公共事業や政府予算、補助金などを食い荒らした。一九七四年十月には、『田中角栄の金脈と人脈』という暴露記事が雑誌に載《の》るということも起こった。大企業の「政治献金」もまた公然の賄賂だという非難の声が上がった。そうした事態のなかで、地方自治体の首長選挙で自民党候補が落選するなど田中内閣は凋落の一途をたどった。

外交問題でも、日本に滞在していた金大中元「韓国」大統領が日本国内で「韓国」の秘密警察・ＫＣＩＡに拉致されるという「金大中事件」が起こり、田中内閣の政治責任が問われた。

世情は騒然としており、一九七四年七月には愛知県で自衛隊機が民家へ墜落事故を起こし、八月には原子力船「むつ」が放射能もれを起こした。同じ八月に三菱重工本社前で爆弾事件が起き、三井、帝人、大成でも同様の事件が起きた。また、米国議会では日本への核持ち込みが行われているとの証言があり、核兵器反対の世論が高まった。

一九七四年十一月国会で田中首相の所得納税問題が追及され、田中角栄首相の命脈は尽き、十一月二十六日の閣議に田中首相は辞表を提出した。

米国のアジア新戦略

一九七〇年代は、世界的な経済恐慌の嵐の中で「第一次石油危機」（一九七三年）及び「第二次石油危機」（一九七九年）という石油価格の高騰が重なり、世界経済全体が大きな混乱に陥った時代であった。日本も例外ではなく「列島改造」政策は破綻し、深刻な政治・経済の危機のもと人々の生活は困窮の度を深めた。

政治的には一九七一年六月、日米間で「沖縄返還協定」の調印が行われ、沖縄が祖国に復帰したのであるが、これは実質的には「沖縄ニセ返還」であって、佐藤・ニクソン会談によって日本全土の沖縄化が図られ、しかも密約では米軍が沖縄に核兵器を持ち込むことを認めていた。これは明らかに経済破綻を新たな戦争策動で切り抜けようとする米国のアジア新戦略の一環であった。

一九七五年、フォード米大統領は「新太平洋ドクトリン」を発表した。これは一九六六年七月ジョンソン大統領が表明したアジア政策構想の継続であり、新しい情勢に適応させた新戦略の骨子であった。

その内容は、

米国は太平洋国家であり、アジアにおける責務を果たすとして、アジア、太平洋地域の反共諸国に対する軍事援助及び経済援助を強化する。社会主義陣営に対抗し、民族解放運動をおさえる。そのため東南アジア開発閣僚会議、東南アジア諸国連合（ＡＳＥＡＮ）などを中心に積極的に反共陣営の結束をはかる、というものでこの目的を達成するためには、日米同盟のいっそうの強化と緊密な協力が必要であると言っている。

当面日本に対しては朝鮮半島情勢を重視し、「南北平和統一」と言って北朝鮮が「韓国」へ浸透しようとしているとしてそれを防ぐという任務を与えた。その意を体して三木首相が訪米し首脳会談を行った。会談では「朝鮮半島の危機」について意見を交わし対処の方針を決定した。経済界では積極的に「韓国」に進出して資本を投下し、「韓国」資本と提携して産業の振興をはかった。また天皇夫妻の米国訪問を実現させ、日米の「和解と協力」の強化をはかった。帰国した天皇は記者会見に臨み「(原爆につき) 気の毒だったがやむを得ない」と発言して社会的に大きな波紋をひき起こした。

一九七七年、福田首相は東南アジア諸国連合を歴訪し、マニラにおいて東南アジア政策について演説を行った。その内容は米国の「新太平洋ドクトリン」の具体化であり、また日本資本の進出による利潤追求に対するジャカルタの反日暴動に見られる反日気運の沈静化にあった。それは従来の東南アジア政策を手直しし、一、日本の軍事大国化の否定　二、「心と心」の通う友好関係の樹立　三、対等なパートナーとして東南アジアの地域的共存に寄与することなどについて述べたものである。しかしその底流は、米国の太平洋ドクトリンの中心課題である東南アジア諸国の反共同盟を強化するためのものであった。

こうしたアジア反共連帯政策に照応して国内の反動政策もすすめられた。一九七七年八月には「君が代」を国歌に制定する法案が強行採決され、一九七八年十月には元号法制化が決められた。上に天皇を戴き、反共思想で人民を支配しようとするものであった。そして天皇の上に米国を置き、日本を米国に従属させ、アジアにおける反共の砦にするという反動的植民地政策の具体化でもあった。

中国情勢

この間アジアの社会主義大国である中国は次第に変貌《へんぼう》しつつあった。一九六〇年代の「文化大革命」によって批判され、劉少奇《りゅうしょうき》と共に失脚した鄧小平《とうしょうへい》が一九七三年に復活し、一九七六年に解任され一九七七年には副総理に返り咲くといった事が起こった。一九七六年一月に周恩来総理が病死すると、その年の四月「周首相を追悼する」という学生達のグループが天安門前広場を占拠しようとして排除された。一部学生がＣＩＡに踊らされているのではないかという話も伝わってきた。一九七六年九月には毛沢東が亡くなるとわずか一カ月後、文化大革命を実質的に指導してきた党と政府の主要人物、張春橋ら四人が「四人組」として逮捕されるという事件が起こった。

同時期、追放されていた鄧小平が復活し、党と政府の先頭に立って社会主義中国の経済に資本主義の原理である自由主義を取り入れた。

そうした中国情勢の変遷の中で、一九七八年八月に日中平和友好条約が調印され、十月には鄧小平が来日した。鄧小平は福田首相と会談し「日米安保条約の維持や自衛力の増強は当然だ」と発言した。これは反安保闘争をたたかっている日本人民に冷水を浴びせるものだとして大きな憤激をまき起こした。一九七九年一月に米中国交回復が行われたのは、このような背景のもとであった。また中ソの対立も一九七九年四月「中ソ友好同盟援助条約」を破棄すると中国政府が通告し決定的となった。

自衛隊軍備増強

米国はこうした中国情勢も視野に入れながらアジア反共連帯政策をおしすすめ、その重要な一環として日本の自衛隊の更なる増強を求めた。

日本政府は一九七六年十月に国防会議及び閣議を経て「防衛計画の大綱」を策定した。その構想は米・ソ・中の一種の均衡が成立しており、朝鮮半島の緊張は持続しているという認識の上で「限定的かつ小規模の侵略」は原則として独力で排除し「侵略の規模、様態により、独力で排除が困難な場合にも、あらゆる方法による強靭な抵抗を継続し、米国からの協力をまってこれを排除する」という基盤的防衛力の考え方が採用された。要するに極東における米国軍隊との共同作戦を想定し、できれば米国の肩代わりをしようというものであった。

軍備の増強と軍事演習の強化によって、日本国内では自衛隊や米軍の事故・事件が頻発し、民間の日常生活に被害が及んだ。一九七五年六月自衛隊潜水艦おやしおが瀬戸内海において貨物船と接触事故を起こし、一九七七年九月には米軍ファントムジェット偵察機が横浜市緑区の民家に墜落し、死者二人、負傷者七人という事故をひき起こした、などといったことが起こった。

一九七八年七月には、福田内閣が「有事法研究」を積極的にすすめるとして、戦争準備のための諸法制化を行う研究体制を確立した。そして八月には戦争のための精神的主柱である靖国神社に福田首相が参拝し、近隣諸国の反発を買った。国内でこのような体制をととのえた福田内閣は日米安保条約に基づく防衛協力の具体的なあり方について、日米閣僚級会談で協議し合意したものを「日米防衛協力のための指針」（ガイドライン）として一九七八年十一月に発表した。その内容は、日本の有事、極東の有事の際の米国の核抑止力が明記され、他方日本は「限定的かつ小規模な侵略を独力で排除する」が、それが困難な場合には、「米国の協力をまって、これを排除する」としている。この指針の設定により、リムパック（米海軍第三艦隊が主催し、太平洋の周辺諸国が参加して行う共同演習）をはじめとする日米共同訓練や合同演習が定期的に実施されることになった。これは米国のアジア反共連帯政策を具体化して、自衛隊の分担する任務を定めたものである。自衛隊は日米共同訓練などに参加し、米軍の指揮のもと米軍の戦争目的に協力して、米軍の尖兵として働くというものであり、その作戦には米軍の核兵器が準備され、必要に応じて核兵器の使用もあり得るというものであった。

一九七九年六月、カーター米大統領が来日し、大平首相と会談、日本の防衛力整備計画について、中期防衛見積りを策定し、それ相応の防衛費を計上することで合意した。その内容は一九八五年九月に「中期防衛力整備計画」として具体化された。

経済破綻

高度成長という虚構のもとで、オイルショックという経済恐慌に襲われ、そこから抜け出そうと図った列島改造もゼネコンを潤すだけで地価の暴騰（バブル経済）をひき起こすという結果を生み出した。産業界は過剰生産の危機に追い込まれた。自由競争の中で、食うか食われるかの争いに巻き込まれた企業は、競争に負けて倒産するものや業種を乗り替えたり、下請けに入るなどするものもあり、合併して生き残りを図る企業などが出てきた。企業が合併し或いは合同して独占化し、独占的な取り引きをしたり、不公正な取り引きが行われるなど自由競争が阻害されることも起こってきた。そこで政府は、独占禁止法を強化し自由競争を保障するために法の見直しを行った。その内容は、独占的状態の企業の分割を命じる排除措置命令、企業連合に対する課徴金制度新設、会社の株式保有についての総量制限、小数の独占的企業間での価格同調引き上げを禁止するなどであった。このような措置で過剰生産によってひき起こされる経済恐慌から逃れることはできず、日本経済はますます混乱におちこんでいった。

政府は予算を注ぎ込み経済の再生をはかった。財政は逼迫《ひっぱく》し赤字国債を次々に発行した。一九七五年十二月には二兆三千億円に及ぶ赤字国債を発行し、一九七七年には政府予算の中で赤字国債の発行は三〇％を突破した。

このような経済情況の中で、労働者の生活は困窮を極めるようになり、民間企業では賃上げを要求して労働組合のストライキが頻発した。公務員は公務員法によってストライキを禁止されていた。彼らは労働基本権の侵害に対して、この規制を打ち破ってスト権を奪還するために、一九七五年十一月二十五日公労協、国労、全逓、全電通など三公社五現業のすべてが参加のスト権奪還ストに突入した。ストは八日間（百九十二時間）行われ、この間国鉄史上最長の列車運休となり、公務員労働者は団結に対する認識を高め、労働者としての自覚を強くした。

日本経済をめぐる国際情勢は厳しさをましていた。一九七七年一月カナダは、それ以前に米国が漁業保存管理法により十二カイリの漁業水域を一挙に二百カイリに設定したことに乗じて、漁業専管水域を二百カイリに設定した。これは直ちに各国に波及し「二百カイリ」が全世界に定着した。広く世界で沿岸漁業を行っていた日本漁業にとっては大きな打撃であった。一九七七年四月には日本とソビエトの間で「日ソ漁業協定」が結ばれた。この協定は公海における日本漁船のサケ・マス漁を規制することが主であり、北海道・東北の漁業者は大きく漁業水域を狭められた。

貿易の面では、一九七七年二月ECが日本のベアリング輸出はダンピングだとして重い関税をかけた。三月には米国が日本製カラーテレビの輸入に待ったをかけ、日本は対米輸出を自主規制することになった。しかも一九七八年一月には円・ドル為替相場が、一ドル二百三十七・九円と戦後最高の円高となり、輸出産業にとっては大きな打撃となった。

このような経済情勢のもとで、政府予算は火の車となり、赤字国債の発行が続いて大きな借金を抱えることになった。主要債権者であるＩＭＦ（国際通貨基金）は日本政府に対して消費税を導入するよう要請した（一九七七年十月・大平内閣）。しかし国内世論の反発は強く、実施には至らなかった。

日本経済がこうした困難に直面しているとき、追討ちをかけるように、一九七八年十一月米国は日本に対し、牛肉・オレンジ等農産物の自由化を迫り日本政府はそれを受入れた。また自然災害もそれに加わった。一九七八年一月伊豆大島近海大地震が起こり、伊豆半島の被害は甚大で交通は寸断され、死者二十五人に及ぶ大災害となった。六月には宮城県沖地震の発生により、仙台市を中心に大きな被害となり、死者二十七人、倒壊家屋二千八百四十四戸に及び政府は災害対策、復興のために相当の予算を注ぎ込んだ。

かくして日本経済は危機的状況になり、労働者・市民の生活は窮乏に追い込まれ、福田内閣は一九七八年十二月退陣した。

人民闘争の発展

日本経済の危機的な状況のもとで人々は困窮に苦しみながら、互いに助け合い、生活苦を打開するためにたたかい続けた。労働者は労働組合に結集し、団結して賃上げ闘争を前進させ、たたかいは「合理化」反対、首切り反対闘争へと発展し、全人民的課題、政治的課題へと結びついて高揚した。

一九七五年一月、総評、同盟、中立労連、新産別は「全産業一律最低賃金」を要求し、共同闘争としてたたかった。引き続き全国組織の労組は「賃上げ」を掲げ諸課題と結びつけて大規模な「春闘」のたたかいを発展させた。一九七五年五月には私鉄総連、国労、動労が交通ゼネストに突入し、官公労、民間二十七単産がストライキ闘争に入った。一九七六年三月春闘では、第一波スト三十八単産五十五万人、第二波四十七単産百七十万人が参加し、首都圏の国鉄は一日運休した。四月には国労、動労、私鉄総連が四十八時間ストを決行した。一九七七年国民春闘会議は官民統一ストを行い、国労四十単産、私鉄大手十組合、公労協などが参加した。一九七八年の労働組合総数は七万単組千二百二十三万人であり、スト突入が千五百七十七件で六十六万人が参加した。この年の失業率は二・六％で百四十一万人であり、「賃上げ」闘争は「合理化」反対、「首切りを許すな」という課題と結びついて発展した。

　こうした組織労働者の「賃上げ」闘争を諸課題と結びつけてたたかう姿に励まされ、全国各地で政府・資本家の行う反動政治、市民生活破壊政策の具体化に反対するたたかいが大きく発展した。一九七五年十月三里塚空港粉砕全国総決起集会が開催され、六千七百人が結集した。一九七七年五月には、三里塚・芝山空港反対同盟が拠点としていた鉄塔を、警官隊が抜き打ちに強制撤去を始めたことに抗議して、住民、労働者、学生達が集結したところ、これに警官隊が襲いかかり大混乱をひき起こした。混乱の中で負傷者は四百人にのぼり、一人の死者を出した。十二月には、動労が成田空港に燃料を輸送することを拒否して減速闘争を行い、総武線は大きく乱れた。警官隊は一九七八年二月、遂に鉄塔を強引に引き倒し撤去した。農民・学生達がこれに抗議して集結したところへ警官隊が突入し、四十九人が逮捕された。翌三月住民・学生達が鉄塔を再建するために集まったところ、警官隊一万二千人が出動して百十五人を逮捕した。

　また公害問題では、一九七七年六月「全国公害被害者総行動」が行われ、百六団体がこれに参加し、集会・デモを行った。

　部落解放同盟もこれら大衆闘争に呼応して『地名総覧』の発行・購入に抗議し、購入した百三の企業の代表者を集め、「差別図書購入企業中央糾弾集会」を開催してその非を天下に知らしめた。同時期、石川一雄不当逮捕十三周年糾弾・狭山闘争勝利一斉同盟休校を行い、千五百小中学校九万人が参加して〝差別を許すな〟という運動の発展を促した。

また政府の消費税導入の企みを打ち砕くため、総評のよびかけで、全国の労組、消費者、小売商など五十五団体が「消費税反対中央連絡会」を結成した。一九七八年十一月全国消費者大会が開催されて「円高差益を還元せよ」という要求が決議され、消費税反対運動を推進する方針を決定した。この運動は根強く継続・発展しており消費税導入、増税に反対して時には政府の根幹をゆるがす大衆運動としてすすんでいる。

十二月には全逓労組が「マル生」反対年賀状処理拒否闘争に突入した。

このようにして、政府・資本家が経済危機を逃れるために、労働者、市民を犠牲にして搾取、収奪の強化を図ろうとすることに反対する人民闘争は大きく高揚・発展した。

原発事故・米原子力艦入港

一九五三年暮れの国連総会でアイゼンハワー大統領が「Atom for Peace（原子力平和利用）」というペテンの演説をして以来、米国は日本に対し原子力発電所の建設を強要してきた。日本政府はこれを「国策」として受け入れ、原子力委員会設置法や科学技術庁設置法などを制定し、科学技術庁、原子力委員会などを設立、九電力会社や東芝、日立、三菱など電気（機）産業大企業と組んで過疎地を狙い、カネと権力で各地に原子力発電所を強引に建設した。

一九五六年、原子力研究、核物質開発、原子燃料公社設立のための「原子力三法」が制定され、一九五七年には日本原子力発電株式会社が設立された。一九五九年、原子燃料公社東海精錬所で早くもウラン精錬の試験操業を開始した。

この間一九五九年三月に岸首相は国会答弁で「防御用小型核兵器を保有することは合憲だ」と発言した。これは日米両政府の日本への原発建設をすすめる本音であり、原発を稼働させてプルトニウムを産出し、核兵器生産の「命綱」を確保して、米国がそれを管理する、ということが日本に原発を建設させる重要な目的であることを自白したものである。

一九七〇年代に入ると、関西電力美浜原子力発電所が営業運転を開始した。一九七一年五月、東京電力福島原発が運転を開始するなど、次々と各地の原発が運転をはじめた。一九七四年六月、電源開発促進税法が公布され、地方自治体に優遇措置を講じて原発建設推進に拍車がかけられた。

日本政府と電力独占に対する至上命令であるプルトニウムの産出は、各国から「核武装疑惑」の目が注がれる。そこで政府と電力会社はプルトニウムを核燃料として再利用するためと称して、高速増殖炉の建設をはじめた。一九七七年四月、動力炉・核燃料開発事業団（動燃）が建設した高速増殖実験炉（常陽）が臨界に達した。一九七八年三月には動燃の転換炉（ふげん）が臨界に達した（臨界とは、平常運転に入れる状態をいう）。

このようにして超大量殺人兵器の核である原子力を発電に利用しようとする危険極まりない試みが、日本各地に原発を建設して運転するということで始まった。この人類の手に負えない「暴れん坊」をいかに「安全装置」を何重に設置したとしても、閉じ込めることはできない。原発建設から間もなく事故が発生し始めた。

一九七四年八月、原子力船むつが太平洋の洋上で放射能漏れ事故を起こし、各港で漁民・住民の寄港反対運動が起こり、むつは洋上に立往生した。一九七五年一月には福井県美浜原発が事故を起こし運転中止になった。同年四月、東海村動力炉で事故が起こり、十人の作業員が被曝した。同六月、佐賀県の玄海原発で放射能漏れの事故が起こった。このように日本の原発が次々と事故を起こしていたとき、米国では一九七九年三月にスリーマイル島原発で放射能漏れ事故が発生し、緊急炉心冷却装置を停止させたため、一次冷却水が原子炉から失われて炉心の三分の二を破損するという大事故となった。「原発は安全だ」と言い触らされていたことから、世界に大きな衝撃をあたえた。日本ではひき続き福井県敦賀原発が放射能事故を起こすなど、原発の「安全神話」は大きくゆらぎはじめていた。

こうした状況に脅《おど》しをかけるかのように、一九六八年一月には原子力空母エンタープライズが佐世保に入港し、人々の憤激を買った。また一九七二年五月の沖縄本土復帰では、核持ち込みの密約が交わされ、本土が沖縄化されるといったことも起こった。日本への米軍の核持ち込みの疑惑が高まる中、米議会では日本に核を持ち込んでいるという証言がなされ、日本中に衝撃が走った。追い討ちをかけるように、ライシャワーが、「核積載の軍艦が日本に寄港している」と発言し、いっそうのショックを与えられた。その上一九八一年四月には鹿児島県沖で、米原子力潜水艦が貨物船日章丸に衝突し日章丸は沈没した。二人の乗組員が死亡したが、米原潜は救助作業を放棄して逃走した。人々は怒り、全国で米原潜の寄港に反対するたたかいが起こった。

ところが一方、一九七五年九月に訪米から帰国した昭和天皇は記者会見で「(広島・長崎の)原爆はやむを得なかった」と発言したのである。

このような事態に至っている中で、全国・全世界で、核(原水爆)や原発への関心が高まり、大衆的な反対運動(闘争)が次第に広く大きく発展していった

一九六八年一月、エンタープライズ佐世保入港反対闘争が全国規模でたたかわれた。一九七七年八月広島において、原水爆禁止統一世界大会国際会議が開催され、この会議に出席した五十二

カ国の代表が「核兵器完全禁止」を求める署名を全世界で展開することを決定した。一九八一年六月には、国会において「非核三原則」の再確認が行われた。同年十月ドイツでは、反核運動が拡大し、数万人規模の集会が各地で開催され、デモ行進などで反核運動への参加がよびかけられた。一九八二年二月「ヒロシマ行動」には二十万人の人々が参加した。同四月には、ドイツで「反核・平和集会」に五十万人の人々が集まり、反核運動の世界的なうねりを作りだした。

こうした世界規模の反核反原発運動の発展に呼応して、日本各地でもたたかいが起こり高揚した。一九六三年九月、米原潜の日本寄港に反対して、横須賀・佐世保で集会が開催され、核兵器廃絶・戦争反対が広く人々に訴えられた。一九六八年十二月沖縄では、Ｂ52配備・原潜寄港阻止県民大会が開催された。一九七三年八月愛媛県の四国電力伊方原発建設に反対する運動が高まる中で、原発建設取消訴訟が行われた。一九八一年三月高知県窪川町では、全国の原発建設反対闘争の発展に励まされて、原発誘致を企む町長をリコールした。同年四月には、軍備撤廃・核兵器廃絶を求める世界宗教者集会が開催された。（六十カ国から参加）

一九八〇〜一九九〇

美浜原子力発電所

反核・反原発闘争の発展
ソ連包囲網の形成
反共の「防波堤」
至上命令・民営化
日米経済摩擦
国鉄・電電・タバコ等民営化進む
原発建設反対闘争とその教訓
ロッキード事件
天安門事件
ソ連の消滅
朝鮮半島情勢
世界情勢と日本経済

反核・反原発闘争の発展

こうした情勢のもとで、核兵器保有国に対する「核実験をやめろ」「核兵器反対」の国際的世論が大きく高まった。核兵器拡大競争で熾烈なたたかいを展開していた米・ソに対する風当たりが強くなり、一九六三年八月米・ソ両国はイギリスを加えてモスクワで会議を開き、「部分的核兵器実験禁止条約」を決めてこれに署名した。条約加盟国は核実験を止めるということで反対世論の高まりをおさえようとしたのであるが、この条約では地下核実験を禁止してはいなかった。これではこの条約は「ザル法」となんら変わらないものであって、その後米国はしばしば地下核実験を行って核兵器の威力の向上をはかり核兵器の更新をしてきた。

「核兵器反対」「核廃絶」の世界世論はいっそう強くなり、米・ソ両国はその矢面に立たされた。一九六八年七月ふたたび米ソ両国とイギリスの三国は会議を開き「核兵器不拡散条約」を作り署名した。この条約では、五大国（米国、英国、仏国、ソ連、中国）を核兵器所有国として限定しその他を非核兵器所有国として核兵器を保有させないことを狙いとしていた。核兵器国がその核兵器を非核兵器国に渡したり、非核国の核兵器製造を援助したりすることを禁止していながら、核兵器国による核兵器の増強は制限せず、核軍縮の取りきめはない。また原子力の平和利用での核物質については、非核国だけに査察などの受け入れを義務づけており、非常に不平等な条約である。インドとパキスタンはこの条約に加入せず実質的な核保有国となっている。イスラエルには米国が核兵器を持たせ、公然の秘密として核保有国となっている。「核廃絶」「戦争反対」の国際世論を踏みじる条約だといわざるを得ない。

一九八〇年代に入り、原発事故はいっそう深刻な事態を生み出し、反対闘争も激化した。また米国の原子力艦の寄港も露骨になり人々の憤激は高まり、各界各層の人々が寄港反対のたたかいに参加するようになってきた。

一九八一年四月、日本原子力発電敦賀発電所で高度の放射能漏れが起きていたことが露見した。この年の一月十九日と三月八日の二回の事故で百人にもおよぶ被曝者が出たのであるが、会社は秘匿《ひとく》していて、四月になってから発覚した。放射能は目に見えないのであるから、知らずにいたらどれほどの人々が被曝するか分からないし、被害は広がる一方である。ただちに福井県民会議は原発反対、事故隠蔽糾弾県民集会を開催し、抗議行動を起こし、同時に裁判所への告発も行った。

そうしたことを背景に一九八二年八月には東京都中野区が住民の意見を反映して「非核都市宣言」を行った。

他方一九八三年三月、米原子力空母エンタープライズが又もや佐世保に強行入港し、人々の怒りを買った。西日本各地の労働者・学生・市民が現地に集結し、エンタープライズ入港反対の大集会が開催され、同年六月には、総評がトマホーク搭載原潜の横須賀入港に反対する全国集会を開催した。

こうした反核・戦争反対の世論は国際的に高まり、宗教家もたち上がり、米国ではカトリック教会が「反核・軍縮」を訴えて集会を開催した（一九八三年五月）。ドイツでは「反核行動週間」が催《もよお》され、十月二十二日最終日には、三十万人の「人間の鎖」が作られた。同週間に英・仏・独で行動に参加した人々は二百万人に及び、全世界的な大きな反響をよび起こした。

このように世界各地で反核運動が大きく広く展開されているさなか、ソ連（現ウクライナ）キエフのチェルノブイリ原子力発電所が史上最悪の原発事故を起こした。発電所職員、消防士三十一人の死者を出し、十三万五千人が避難した。放射能による環境汚染はヨーロッパ諸国をはじめ地球上の広い範囲に広がり、晩発性障害などがいまでも続いているといわれている。この事故による波紋は国際的に広がり、反核・反原発運動は各国で高揚し、原子力政策に大きな影響を及ぼした。

この影響は核兵器保有二大国の米・ソにも及び、一九八七年十二月米ソ会談が行われ、中距離核ミサイル全廃条約（INF全廃条約）を結び調印した。翌一九八八年五月には米ソ会談を行い、中距離核ミサイルの全廃を実行に移した。

しかし一方で米国は、日本政府に要請して三菱や川崎等に核弾道ミサイル迎撃システム（SDI）の受注を強制した（一九八八年十一月）。レーガン米大統領の提唱した「スターウォーズ計画」の一環であり、対ソ戦略の一部日本への肩代わりであった。同じ月に米ミサイル駆逐艦が、東京湾口でこともあろうに海上保安庁の巡視船付近に射撃弾を発射するという事件が起こった。しかもそこは訓練禁止区域であり、米軍の占領軍意識丸出しの無法な振舞いに人々の怒りは大きく燃え上がった。

反核運動の国際連帯を求めて、各国の政府関係者やジャーナリスト、学者などが非政府組織（NGO）によって国連軍縮局の開催する「国連軍縮会議」（一九八八年五月）に参加し、核軍縮について討議した。これに呼応して、全米で「国連軍縮会議」支援の集会・デモが行われ、核軍縮の世論を盛り上げた。

ソ連包囲網の形成

一九七〇年代は、〝オイルショック〟以来長引く経済の低迷から脱出しようとして、資本主義諸国は「省エネ」「イノベーション（技術革新）」「地球温暖化対策」などといって産業構造の転換をはかり、エネルギー源に原発を強引に導入して産業の再生を試み、また新興国に市場を求め、資本の自由化と称して経済侵略を行った。しかしそれは、国内市場の開拓にはならず需要拡大には至らず、新興国の反発を受け景気回復を果たすことはできなかった。

一九八〇年代に入ると米国は、世界に米・ソ二大国が存在し、その支配・影響のもとで世界は東西に二分割され、資本主義陣営と社会主義陣営に分かれているのだと声を高くした。そこで米国は「資本主義陣営を社会主義の侵略から守る」と称して同盟資本主義国を糾合してソ連包囲網を築く戦略をたてた。レーガンの言う「強いアメリカ」（一九八〇年）であり、アイゼンハワー・ドクトリンの「非共産主義国への援助と米軍の出動」の具体化の推進であった。

経済政策としては「ココム（米国主導の対共産圏輸出統制委員会）」によって貿易の面でソ連及びその衛星国・同盟国を経済封鎖して孤立させようとし、軍事的には北大西洋条約機構の軍事同盟を強化し、NATO軍（ヨーロッパ連合軍）をソ連に向けて対峙させ、ソ連包囲網を築こうとした。アジアでも東南アジア条約機構（SEATO）をつくり、一九六七年には東南アジア諸国連合（ASEAN）を結成して北大西洋条約機構と同じような任務を負わせようとしたがこれはうまくいかなかった。

同時に米国は、ソ連衛星諸国（主として東欧諸国）に対して、経済・武力での圧力をかけながら、ＣＩＡなどを使って「自由、民主、人権」の擁護などとデマ宣伝を交え内部崩壊工作を行った。その戦略は次第に功を奏し、一九六八年にチェコでは「プラハの春」といった内乱を起こし、チェコは東欧社会主義国から脱落した。その後次第に東欧諸国に「○○の春」風が吹き抜け、東欧社会主義諸国の崩壊、消滅が広がった。

一方米国首脳はソ連首脳との会談を求め、「平和外交」「平和共存」などを掲げて、思想的に堕落していきつつあったソ連主脳達を籠絡し、社会主義から資本主義への後退を煽った。そうして下からはＣＩＡなどが内部不満分子を組織化し、反政府集会やデモを画策・実行するように煽動して社会主義政権を揺さ振った。ソ連をはじめ社会主義国内部で不満分子が米国の陰謀に呼応して、積極的に人々を組織し公然と反政府運動を起こし、政府打倒の集会デモを行う連中もあらわれた。数次に及ぶ「天安門事件」がその典型であろう。

反共の「防波堤」

こうした世界情勢のもとで米国は、レーガン大統領を使って中曽根首相を意のままに操り、日本を反共の「防波堤」にし、そのために日本を「不沈空母」にすることを約束させた。アジアにおける社会主義国の台頭に対し、「中国の脅威」「北朝鮮の暴挙」といって共産主義恐怖論をふりまき、「ココム（対共産圏輸出統制委員会）」を楯に日本企業の社会主義国への輸出を禁止させた。日本人の思想を反共思想でぬりつぶそうとして、学校での「平和教育」をアカだと言って攻撃し、社会一般にアカ攻撃を広めた。マスコミはこぞって自主規制をするようになり、中曽根政府は好機とばかり「日の丸」「君が代」の強制を行い、それに反対する人達を弾圧して、「皇国史観」による思想統制、思想弾圧を強めた。

中曽根康弘は、組閣して間もない一九八三年一月に訪米しレーガン大統領と会談した。会談で、米国の対共産圏政策の日本版を押し付けられた中曽根首相は、日本を反共の「防波堤」にし「不沈空母」として提供する具体策を積極的に受け入れた。帰国直後の記者会見で会談内容に触れ「日米は運命共同体」であると言い「日本列島を（米国の為の）不沈空母」にし、「海峡封鎖」も行うであろうと発言した。これには各界各層の多くの人々が大いに驚き憤激して中曽根内閣に対する批難の声がこだました。

このような米国の対日政策は、鈴木内閣の頃から具体化されつつあった。一九八〇年二月には海上自衛隊がリムパック（米第三艦隊の太平洋周辺国合同演習）に初参加した。一九八一年三月、国会では「武器輸出三原則（共産圏、紛争国、国連指定の国には武器輸出をしない）」が確認され、一九八〇年四月には米国に追従して「イラク制裁」に同調し経済封鎖に加わった。一九八一年一月、工業技術院は「超電導素子（ＳＳＤ）」の米国との共同開発を決め、一九八三年一月、米国へ武器技術を供与するとし、早速二月には実用衛星を打ち上げて、米国の宇宙戦略（スターウォーズ計画）に貢献する役を果たした。この間一九八〇年一月には宮永陸将補がソ連に情報提供したということで摘発されるという「事件」も起こった。

一九八一年五月、鈴木首相が訪米し、日米は同盟関係にあるということを確認したが、その実は従属関係であった。そこでは日本はシーレーン千カイリの防衛義務を負わされた。一九八三年一月には中曽根首相が訪「韓」し、「日『韓』新時代」と称して、日「韓」共同で中国、北朝鮮と対峙することを約した。一九八三年十一月にレーガン大統領が来日し、日本政府に対して「防衛努力」を強化するよう要請した。これは日米軍事協力を密にし、自衛隊を米軍指揮下に置いて、対共産圏国との戦争に備えるというものであった。そこで自民党・政府は、防衛費はＧＮＰの一％を超えてはならないという枠を破って一％を突破する予算を提案、国会は大いに紛糾したが、一九八四年十二月政府・与党はこの予算案を強行採決して成立させた。レーガンはまた、インド、パキスタンにも中国包囲網の一翼を担わせようとして、中曽根に印・パ両国訪問を要請し、中曽根は一九八四年三月両国を訪問して米国の意を伝えた。

一九八五年一月には中曽根・レーガン会談が行われ、SDI構想（戦略防衛構想―スターウォーズ）について日本の役割分担が決められ、日本にミサイル迎撃システムを設置することになった。同年六月、米上院は「日本は千カイリ防衛義務を忠実に果たすべきだ」と決議した。（日本は一九八〇年代末までに千カイリシーレーン防衛を達成するべきだという）

中曽根首相は一九八四年七月「戦後史の大きな転換点であり」「戦後政治の総決算をする」と発言し、日本を政治的にも経済的にも米国に従属させ、米国のアジア再侵略政策に同調して日本がそのお先棒を担ぐことを宣言した。

このような中曽根政府の露骨な反中国・反共の施策に対して、中国ではこれに反対する世論が沸騰し、一九八五年九月柳条湖事件五十四周年記念を期して大規模な集会・デモが起こった。

中曽根内閣は、対米従属をいっそう深め、米国の戦略防衛構想の共同研究に参加し、防空能力の向上、海上交通の安全確保、上陸侵攻対策、正面・後方両面の防衛力の強化など「中期防衛力整備計画」の具体化をすすめた。その予算は十八兆二千億円に及び、防衛費のGNP一%枠を突破した。中曽根政権は歴代政権が守ってきた防衛費枠のタブーを踏みにじり、日本を米国のための「反共の防波堤」にする路線を暴走し始めたのである。

至上命令・民営化

かねがね米国は、日本への資本投下と市場の開放を求め圧力を強めていた。中曽根内閣となって「ロン・ヤス」関係を築き、ロンの言うことは何でも、ヤスが聞き入れてくれるとばかり、レーガンは中曽根に背負えるだけのお荷物を次々と担わせた。最も重くて貴重な荷が国鉄、電電、専売、航空など国営企業の民営化であり、その他規制緩和や公共投資などについての要請や日米貿易摩擦の解決など盛りだくさんの荷物を中曽根は引き受け、日本独占資本家達もそのおこぼれで利を得ようとして唯唯諾諾とそれを承認した。

その前触れが一九八一年三月、「国鉄再建」の一環として「赤字ローカル線」七十七線の廃止であった。同時に第二次臨時調査会（会長土光敏夫）が開かれ、一、日本国有鉄道、日本電電公社、日本専売公社の分割、民営化　二、国土庁、北海道開発庁、沖縄開発庁の統合　三、行政管理庁、総理府人事局、人事院の一部を統合した総合管理庁（総務省に）の設置、（いずれも合理化、公務員の首切りであり、各省庁人事権の官邸集中統制強化である）などを決め、早速その具体化がはじまった。

一九八一年十一月の閣議では、米国の要請に応じて対外（対米）市場の開放方針を決定した。一九八対米輸出では自動車産業が自主規制を行い、年間百六十八万台を限度とすることにした。一九八二年六月に東北新幹線が盛岡まで開通し、リニア新幹線は有人試験走行で時速二百ｋｍを記録した（時速五百㎞を目指すという）。いずれもその技術とモデルは米国に移転されるのである。政府のＩＴ産業優遇政策のもとで富士通は国内初のワープロ商品化を達成し、情報産業発展のさきがけとなった。

一方では先端産業推進と産業構造転換によって置き去りにされた産業との矛盾が起こり、汚職や事故が頻発した。一九八一年十一月には道路公団の発注工事で全国にわたる談合事実が判明した。同じ頃北海道夕張炭鉱で安全対策無視によってガス爆発が起こり九十三人が死亡する大事故が起こった。しかも残りの五十九人の安否不明のまま、坑内に注水して坑道を閉鎖するという暴挙が行われた。一九八二年二月、日航機が羽田空港に着陸直前墜落し二十四人が死亡する事故が起こった。一九八三年四月に三重・菅島、岩国で相次いで自衛隊機が墜落し、三十五人の犠牲者を出し三人が重傷を負うという大きな事故が続発した。

このような時、鈴木首相は一九八二年九月、財政危機を訴え、非常事態だとして国民に負担増を要請したのである。

日米経済摩擦

米国は日本を反共の「防波堤」にするため、以上のような政治的な圧力を加えると同時に、「民営化」という日本市場への米資本投下の道を開かせ、経済的にも日本を従属関係に位置づける要請を強め、日本政府はそれを受け入れた。

技術革新による日本の半導体産業・自動車産業などの発展にともない、その製品の対米輸出や工場の米国移転が次第に増加した。一九八二年十一月、ホンダが米国で小型車の生産を始め、ニッサンは小型トラック工場を米国に建設して生産を始め、半導体産業は米国を最大の海外市場として輸出を増加させた。必然的に米国製品との市場争奪は激化していった。

一九八五年四月、中曽根首相は日米貿易摩擦緩和のためにと言って、テレビで「外国（米国）製品を一人百ドルずつ買うよう」によびかけた。米国一辺倒の中曽根らしい発想であった。一九八六年四月、前川レポート「国際協力のための経済構造調整研究会報告書」が出された。その内容は、内需を拡大し国際的調和のとれた産業構造に転換すること、外国製品の輸入を促進すること、金融の自由化・国際化をすすめること、国際協力の推進と世界経済への貢献をすることを提言していた。これは「国際」とか「世界」という言葉を米国と置きかえて読んでみれば分かるように、日米貿易摩擦を日本の譲歩によって解決しようというものであった。

同年九月にはガット（関税及び貿易に関する一般協定）に農産物が加えられた。これは米国の大農業企業が生産過剰でその市場を日本に求めるものであり、日本農業への打撃が目に見えるようであった。早速一九八八年二月、ガットによって日本は農産物輸入自由化をせよと勧告され、同年六月にはその具体化として、牛肉・オレンジ等農産物の輸入自由化が迫られ、三年後には完全自由化するように決められた。追い討ちをかけるように米上院は「包括貿易法案」を可決し、米国の保護主義的貿易方針をいっそうすすめ、対日貿易交渉には厳しく臨むことを明らかにした。この方針によって一九八九年九月、日米構造協議が行われ、そこでは、一、公共投資を拡大すること　二、大店法と独禁法を見直し　三、米国の財政赤字削減と競争力の強化に協力することが取り決められた。一方的に米国資本の導入と米国産品の輸入が強制されたのである。

日本の半導体生産の急速な伸びにともなって日米半導体摩擦が激化し始めた。米国政府は、日本が日米半導体協定に違反しているとして、対日制裁措置を発表し、日本政府は直ちにそれに応じて半導体企業に「自粛」を促し、米国の言いなりに従った。

また一九八七年五月には、東芝が共産圏に製品を輸出しており、それは禁輸品目に指定されている商品であり、「ココム違反」だとして東芝が摘発されるという事件が起きた。

国鉄・電電・タバコ等民営化進む

「ロン・ヤス」会談で、中曽根が至上命令として持ち帰った民営化は、日本国有鉄道（国鉄）、日本電信電話公社（電電公社）、日本専売公社（煙草、塩など国の専売事業）の民営化で始まった。特に国鉄については、これを七グループに分割して民営化するものであった。この国鉄分割民営化には、日米政府・資本家の悪どい狙いがこめられており、その狙いは当時の日本労働運動の主力であり「機関車」の役割を果たしていた日本国有鉄道労働組合（国労）を解体して無力化しようとしたのである。鉄道営業はそっくりそのまま継続するにも関わらず、旧企業体は廃業で新会社を設立するのだと偽《いつわ》って、国鉄の労働者は一旦解雇され再雇用されるのだという「偽装倒産」を政府自身がやって見せたのである。

一九八三年六月、中曽根首相は国有地の有効利用の検討を大蔵省に指示した。これは逼迫した財政の赤字を国有地の売却によって埋め合わすというものであったが、実は来るべき国鉄分割民営化に際して、国鉄が所有している広大な遊休地の数々を、ゼネコンや不動産業者に払い下げて資本家達の懐を肥やそうとする企みであった。一九八四年五月には「国鉄再建案」として国鉄分割民営化の方針がうちだされ、一九八五年十月の閣議において国鉄分割民営化が正式に決定された。一九八七年四月国鉄民営化が発足し、ＪＲ法人（九州、四国、東海、西日本、東日本、北海道の各旅客鉄道及び日本貨物鉄道など）と国鉄清算事業団となった。国鉄清算事業団は、債務の償還や処理、土地などの資産の承継と国鉄職員の人事に係わった。国鉄の操車場や機関庫はコンピューター化の発達や電化によって広大な遊休地となっており、地方の路線を公共事業でありながら赤字だからといって廃線にしたり、「第三セクター」と称して、地方路線を地方自治体と民間企業との共同経営に任せたりしていた。これらをゼネコンや不動産業者に払い下げることで利を得ようとして清算事業団は、政治家・官僚と癒着し、業者と結託して土地売買取引を行った。資本家達の国鉄財産食い荒らしであった。しかも事業団は、国鉄の分割といっても鉄道運営は従来の事業を引き続き継承しているにも関わらず「新会社」だと言って、新会社には旧職員のうち会社の「意に沿わない」人物は不採用にし、彼らを事業団に受け入れ「再教育」や「選別」「首切り」による追放といった労働者を「奴隷」扱いにする暴挙を行ったのである。この間、一九八八年三月、青函トンネルの完成や同年四月の瀬戸大橋の完成など「公共事業」の援助によって鉄道事業の発展が図られた。

並行して民営化は、一九八四年十二月に電電公社民営化法が成立、その作業が始まった。翌一九八五年四月、電電公社はＮＴＴとして発足した。同時に日本たばこ専売公社は日本たばこ産業株式会に改組された。

また日本航空は一九八七年十一月に民営化された。

こうした民営化に乗じて、米国大金融資本は、黒字が期待される企業、例えばＪＲ東海、ＪＲ東日本などに投資し、赤字が予想される企業には見向きもしなかった。今日列車運行の安全対策さえままならず鉄道事故多発で経営に苦しむＪＲ北海道等と労働者の過重労働・搾取の強化で、しばしば大都市の交通を麻痺させるＪＲ西日本・東日本等のあることはご存知の通りである。

「民営化」に「規制緩和」と「公共事業」を組み合わせたこの路線を継承したのは小泉内閣で、折からの「新自由主義」経済のグローバル化に乗じて資本の海外侵略にまで発展させ、日本経済を混乱に落とし入れ、破綻の道へと追い込んだ。しかもその路線は世界的経済大恐慌「リーマンショック」の嵐に突っ込み、長期にわたる不景気をよび込んだ。それをまた引き継ぎ、「前例なき金融緩和」と結びつけた経済政策が「アベノミクス」であり、この経済政策の大失敗により今日の日本の経済は、資本主義の末期的症状に近い醜態を露呈しつつある。

この時期日本政府は景気刺激策として超大規模公共事業を企画した。関東では「東京湾アクアライン」の建設、関西では「関西国際空港」の海上建設計画を発表した。関西国際空港は大阪湾上におよそ三兆円の予算で建設されることになり、一九八七年第一期工事が始まった。東京湾アクアラインは東京湾西岸の川崎市と東岸木更津市とを結ぶ橋梁・トンネルの東京湾横断道路として、約一・五兆円の予算で一九八九年五月に着工された。この両者は「二〇世紀最後の大プロジェクト」といわれゼネコンと政治家が利権を求めて群がった。ところがこの大工事の企画からすでに米国政府と米国ゼネコンが関わっていたのである。

日米間の諸問題を解決するために、協定を結び或いは会議を開いて討議する日米の閣僚・次官・局長級の各種定期協議が開かれているが、その中の日米建設協議がこの大プロジェクトについて開催された。この二大プロジェクトについて米国は、米国企業の参入を求めて「外国への市場開放」要求を提出した。日本政府は米国の要請に応じて、外国企業の公共事業入札をはじめて認め、関西国際空港の建設に際して、十七項目の特例プロジェクト（工事区間、種別など）が決定された。日本の企業と米国の企業がジョイント（ＪＶといい、複数の企業がその工事を請負うために共同体を作り、一社として入札に加わるもの）の一員として参加することになった。これはその後日本政府の大きな公共事業に適用され、例えばリニア新幹線の工事にも「大林組ＪＶ」とか「清水建設ＪＶ」ということで米国ゼネコンが参入し、談合などの不正問題で物議を醸し、また裁判でも「司法取り引き」が公然と行われ、法の支配・秩序の乱れが指摘されている。このようにして米国資本は日本市場に強引に入り込み、利潤をむさぼっているのである。

原発建設反対闘争とその教訓

一九五三年国連総会において、アイゼンハワー米大統領が「原子力の平和利用」演説を行って以来米国は、原子力発電所の日本への売り込みを強め、ＧＥ（ジェネラル・エレクトリック社）とＷＨ（ウェスティングハウス社）が主となり、東芝、日立、三菱がこれを請け、「国策」として数多くの原発建設が強行された。

この間一九七九年三月に、米国のスリーマイル島原発で重大事故が起こり、一九八六年四月には全世界を震撼させたソ連のチェルノブイリ原発でメルトダウンという大事故が発生した。日本でもメルトダウンまでいかないが、重大事故は次々と起こっていた。それにも関わらず、日米政府と資本家は「原発はクリーンエネルギー」「原発は絶対安全」と繰り返し、原発の建設を続けた。必然的に全国各地で、原発建設反対のたたかいが巻き起こり、それに連帯するたたかいも広く日本全国で発展した。

そうした原発反対のたたかいの中で、一九七四年八月、原子力船むつが放射能漏れを起こし、寄港に反対する漁民を先頭にしたたたかいによって、むつは洋上に立往生をやむなくさせられた。むつは遠く佐世保に回航され、廃船となった。（一九九一年）

一九八一年三月、高知県窪川町では、全国各地でたたかわれている原発建設反対闘争に励まされ、連帯したたたかいを発展させていく中で、原発誘致を企む町長をリコールに追い込み、原発の建設をあきらめさせた。一九八一年四月には、米原潜が日昇丸と衝突し、二人を死亡させたまま逃走した事件は、多くの人々に原潜の戦略目的について考えさせ、原子炉の危険性について直接の恐怖を与え、各地で抗議行動が起こり、原発建設反対闘争と原潜の寄港反対闘争が結びついて発展した。世界的にも軍備撤廃、核兵器廃絶を求めるたたかいが拡大し、そうした中で一九八一年四月核兵器廃絶などを訴える世界宗教大会が開催された。東京都中野区では、一九八二年八月に住民の意見を反映して区議会は、「護憲、非核都市宣言」を議決・発表した。

こうした原発建設反対のたたかいや核兵器廃絶、戦争反対のたたかい、運動はこの時代、全国各地で無数に勢いよく発展した。全国・全世界でたたかわれている反原発闘争を集約し、その教訓をすべてのたたかう人々の共有財産として保持し、運動を発展させる糧としなければならない。その一つとして山口県豊北町の原発建設反対闘争の経過と教訓を検討する。

中国電力（中電）と県・政府が、山口県に原子力発電所建設計画をたて、それを実行に移そうとしたのは、一九六〇年代の後半であった。当初の計画では、萩・阿武地域、豊北及び上関町の三カ所であった。萩・阿武地域は、建設計画の噂が立った時から反対運動が起き、早々に建設計画を断念した。豊北町では、一九七一年、中電が豊北町に対して「原発建設計画」を申し入れたことから始まった。いち早くその情報を得た漁民達は「先祖伝来の漁場を奪うことは許されない」と漁協を動かして町長へ原発建設反対の申し入れをした。

ここから町ぐるみ県民も巻きこんだ長期にわたる苦難のたたかいが始まった。

一九七一年の町議会は、原発建設計画は「受け入れられない」と決議した。中電はその決議を無視して、ひそかに地権者宅を訪ね用地買収工作をすすめていたことが、一九七七年になって発覚した。それに怒った漁民を先頭に町民は買収反対の署名を始め、地権者との話し合いを行った。そこへ自民党県議が乗り出し、漁協、農協、商工会の幹部に対し、甘言と脅しで籠絡《ろうらく》をはじめた。漁民達は学習会などを開き意識を高め、幹部連中の説得と役員からの追放を行った。

一九七六年六月、県は原発対策室を設け、原発建設推進をはかり、中電は町内で「説明会」を数多く開き、戸別訪問やビラ宣伝などを積極的に行うようになった。飲み、食い、原発視察など公然たる買収工作を活発化してきた。漁民を中心に町内で原発建設反対集会が開催され、町民は団結して中電の買収、切り崩しとたたかう意志を表明した。

中電は、住民の分断をはかり、海、山の対立を作り出し、家族、親戚の中で意見の対立を作り、骨肉の争いにまで至るようなことまでやって来た。漁民達は海から陸に上がって農家を訪問するなど、中電の陰謀に対抗して運動の幅を広げた。中電が町外から応援に来る人達を「他所《よそ》者《もの》」だとして排除する企みを見抜き、原発建設に反対するすべての人々は同志だとして団結を強めた。

一九七七年十月、全県の人々を結集して「米軍機墜落糾弾、豊北原発建設反対集会」が開催された。県労評は傘下の組合員を動員して、学習会を開催し、豊北町を中心にチラシをまき、署名活動を開始した。電産山口支部は中電山口支店に横断幕、ステッカーをはり出し、チラシを配り、豊北町の住民と話し合った。対岸の角島《つのしま》でも島民を主力に原発建設反対の決起集会が開かれた。

一九七七年十二月には、県下の各界各層の人々が合流し、農業破壊反対、合理化、労働強化、首切り反対、教育荒廃に反対するそれぞれの組織・個人が結集して「豊北原発建設阻止山口県共闘会議」を結成した。この頃から豊北原発建設反対闘争は段階を画して大きく強く発展した。

こうした豊北町を中心にした県民の反対運動の高揚する中で、追いつめられた県知事は一九七八年一月「機は熟した」と言って豊北町に対し環境調査を申し入れた。県警は機動隊を結成し、人民弾圧訓練を公開して、豊北原発建設反対闘争に結集する人々に脅しをかけようとした。県漁連の幹部は、豊北町漁協に「県と話し合いをせよ」と迫った。

同年同月、政府は閣議で、豊北町を「重要電源立地」に指定した。「国策」として豊北町に原発を建設するというのである。

豊北町の漁協は総会を開き、原発反対の意志統一を行い、そこから改めて集会、学習会、懇談会を数多く開いて、たたかいを発展させることを決め実行に移した。全県から豊北町に労働者、市民が入っていき、ビラ配りや交流会を行った。山口市職労は、合理化反対、減反反対のたたかいと合わせて豊北原発建設阻止をスローガンに時限ストを行い、国策と真向からたたかう意志を表明した。

中電の内部から電産の労働者が反対ののろしを上げ、はるか離れた山口市職労が国策に反対して時限ストを打ったことは、たたかう豊北町民を限りなく励まし、たたかいは強力に前進した。

一九七八年二月、漁民中心に全町をあげて原発建設阻止の集会が開かれ、県下各地から労組員や一般市民も数多く参加した。この集会の決議に従って代表団が町長と集団交渉を行い、町長は「現地調査は受け入れられない」という誓約書を書いた。

これに驚いた県知事は、無法にも「誓約書は無効だ。町議会でやれ」と発言した。町長は県の不当な圧力に屈して辞職した。中電は電産労組の労働者七名を処分して「見せしめ」にした。

一九七八年五月、町長選挙が行われ、原発建設反対の立場の町長が誕生した。六月には豊北原発建設阻止連合会の総会が開催され、来るべき統一地方選挙で圧倒的勝利をかちとることを決議し、一九七九年四月に行われた統一地方選挙では、反対派町議が過半数を占め、「重要電源指定解除」を決議した。

その後いくらかの紆余曲折を経るうちに、中電は現地事務所を閉鎖し、白旗をかかげて豊北町から退散した。

豊北原発建設反対闘争は、重要な教訓を残した。その一は地元のたたかいなしに、外部の者がなり代わってたたかうことはできないこと。現地を生活基盤にしている人々こそたたかいの中心勢力であること。その二は、地元の絶対反対だけでは、国・県・中電の結託した原発建設強行とたたかって勝利することはできない。全県、全国のたたかう人々と団結してたたかってはじめて勝利できるということ。その三は、漁民、農民、労働者、教師、文化人、学生、市民などが、それぞれの職場、地域、分野での課題・たたかいを一つに結集して、地域破壊の原発と結びつけ、それは諸悪の根源である日米安保条約から出てきたものであることを明らかにし、共通の敵に対する共同のたたかいとして、国策と真正面からたたかうのだという自覚をもってたたかうこと。以上である。

ロッキード事件

一九七二年二月、ニクソン米大統領は、キッシンジャーの先導で、日本政府の頭越しに中国を訪問し、米中国交回復の道を開いた。同年九月、田中首相は、米国からの反中国圧力の中、ニクソンの後を追って中国訪問を行い、周恩来首相と会談して、日中共同声明に調印し、国交を樹立した。その後田中首相は「田中角栄の金脈と人脈」問題で追い詰められ、辞職した（一九七四年十一月）。田中角栄は、退職後も政界に強い影響力を持っていた。しかし田中の周辺にはえたいの知れない暗い雲がただよっているかのように思えた。

一九七六年二月、ロッキード社が丸紅に一千万ドルを渡し、それが政界に流れたと報じられ、小佐野賢治が二百万ドルをロッキード社副会長コーチャンから受け取り、政府高官に賄賂として渡したと報道された。一九七六年五月には三木首相が、ロッキード調査委員会をつくって徹底的に究明すると発言し、一九七六年七月には田中角栄が逮捕された。

その後ロッキード事件関係者で逮捕された者の公判があり、一九八二年一月、東京地裁は全日空若狭会長、渡辺元社長、沢元専務らに有罪判決を言い渡し、一九八三年十月、ロッキード事件丸紅ルートの田中角栄を受託収賄罪などで懲役四年追徴金五億円の判決を下し、一九八七年七月、東京高裁は控訴棄却を言い渡した。

同年十月、田中角栄は「判決は極めて遺憾である。生ある限り、国会議員として職責を遂行する」と所感を発表した。

ロッキード事件をめぐって以上のような動きがあった。この事件については、立場、観点の異なる評論がある。事件の性質を明らかにし、いかなる力がこの事件に加わったか解明する必要があるだろう。

一九七四年十月、田中首相は日本外国特派員協会へ行き講演をした。その席で米国人記者を中心に田中首相への質問で『田中角栄研究　その金脈と人脈』の問題について、異常とも思える追及が徹底的に行われた。翌十一月にフォード大統領が、戦後米国大統領としては初めて日本を訪問することが決まっており、米議会では、元海軍少将のラロックが「核兵器を搭載可能な艦船は、日本或いは他の国に寄港する際、核兵器を降ろすことはない」と証言していた。このことは、田中首相が「非核三原則堅持」「米国が持ちこみを求めても拒否する」と言明していたことと矛盾し、しかも田中の「日中国交樹立」が米国で問題視されていたことと照らし合わせ、米国の田中糾弾ではないかと思われた。日本の新聞は田中首相が日本外国人特派員協会に出席した翌日「〝田中金脈〟追及へ動き急」「政局に重大影響必至」と報じ、国会ではこれに応じた反田中の国会議員が動き出した。こうした米大統領、米・日ジャーナリズム、国会議員などが結びついた反田中の一連の動きの中で、田中首相の辞職とその後の田中に焦点を合わせたロッキード事件の展開を見る必要があるだろう。

田中首相が辞任して一年三カ月後の一九七六年二月、米国議会の多国籍企業小委員会（チャーチ委員会）が「ロッキード社が、日本をふくむ世界各国の航空会社に自社の航空機を売りこむために各国政府関係者に巨額の賄賂をばらまいていた」ということを明らかにした。日本では当初から「田中元首相が関与しているのではないか」ということがささやかれていて、早速一九七六年二月、衆議院本会議で「政府高官名をふくむいっさいの未公開資料を提供されるよう米国に特別の配慮を要請する」という決議がなされた。それを受けて三木首相は「私自身から、直接ただちにフォード大統領に要請いたします」と述べ、この後すぐに三木は親書を書き上げ、その日のうちに米国政府に送った。すると米国政府の提案により、日米政府間において「司法共助協定」が調印された。フォード大統領から返書で「情報を貴国政府と分かちあうための取り決めを行う用意がある」と通知があり、この返書にしたがって日本の検察庁が米国政府に要請して、必要な情報を得たのである。何という見事な両国政府と検察の連携プレーであることか。

そこで、コーチャン（ロッキード社副会長）、クラッター（ロッキード社役員）らの米国側事件関係者に嘱託尋問《しょくたくじんもん》を行うことができるようになり、ロッキード事件の公判では、この嘱託尋問が有力な証拠となった。しかもそれは事件のきめ手となったと言っても過言ではないだろう。

ロッキード事件公判では、嘱託尋問が採用された。証人が外国在住であった場合、日本の検察は直接その証人に対し尋問ができない、そこで日本の検事の立ち会いのもとで、米国側に頼み（嘱託し）現地で尋問してもらい、尋問調書の送付を受け、裁判所に証拠として提出する。これは日本の刑法に照らして大いに疑問視されている取扱いである。しかも、米国の証言者（コーチャンら）に対し「司法取引」という、日本の制度にはないものを適用して、証言に本人が日本の法律に違反した内容がふくまれていても、罪を問わない、ということまで約束して嘱託尋問が行われた。このような手続きで日本の検事が米国に行き、嘱託尋問を行い、それを主要な証拠として、田中角栄は有罪となり、政治生命が絶たれ、その影響力は消し去られた。

以上のような経過から見て、ロッキード事件とは、米国によって意図的に作られたデッチあげ事件ではないかと推測されるのは当然であろう。

この事件の背景として深い関係がある、米中、日中の国交回復について検討してみる。キッシンジャーの先導によってニクソン大統領は訪中を果たしたが、中国との国交樹立は、米議会の反対もあって、一九七九年までできなかった。一方「反中国」という課題を与えていたにも関わらず、田中首相は一九七二年九月、訪中して日中国交樹立を実現した。キッシンジャーにとっては、田中角栄が、ニクソン訪中の果実を横取りしたと映り、米国政界もキッシンジャーと同じ感情を持ったと推測される。キッシンジャーは同一九七二年に米国外交官の一人に対し「汚い裏切り者どものなかで、よりによって日本人野郎がケーキを横どりした（Of all the treacherous sons of bitches, the Japs take the cake）と言っている。米国にとっては、日本が米国と対等外交をすることは許されないことで、米国に従属することが日米同盟の本筋だと言っているのである。

天安門事件

この間一九八〇年代の国際情勢は一口に言って、激動の時代だと言えるだろう。

西南アジアでは、ソ連のアフガニスタン侵攻に対して、その報復を叫ぶ米国は、穀物の輸出を大幅に削減し、米・ソの対立を鋭くした。中東イランでは、米国のイランに対する不当干渉に抗議して、米国大使館員拘束という事件が起こった。一九八〇年四月、米国はイランに対して制裁措置として、外交関係の断絶・貿易禁輸を行い、同月米軍は、イラン大使館員の「救出作戦」を強行したが失敗に終わった。続いて九月米国はイラクのフセイン大統領を唆《そそのか》し、領土問題を口実にイランとの戦争を開始させた。この戦争は八年間も続き双方で死傷者数は百五十万人にも及んだ。しかもこの間米国は、イラクとイランの双方に武器を売り込んだ。それを仕組んだＣＩＡは、イランへ売り込んだ武器の売上金を、ニカラグア政権打倒の反政府組織・コントラ（米国支援のゲリラ部隊）援助に注ぎこんだ。このことが国際的に暴露され、「イラン・コントラ事件」として米国は世界各国から糾弾され窮地に陥《おちい》った。

アジアでは一九八〇年十二月『人民日報』が「文化大革命失敗」と報じた。中国では毛沢東の率いる紅軍が人民大衆と共に国民党軍とたたかい、これを台湾に追い込み、一九四九年十月中華人民共和国を成立させ、資本家階級の手にあった国家権力を奪って、人民の手に返した。続いて経済土台を資本主義的構造から社会主義的構造に変え、労働者が主人公となる経済構造に変革した。しかし人々の思想には、資本主義の影響が色濃く残っており、これを払拭して人民に奉仕する社会主義的思想に変革する、即ち社会主義思想革命をなしとげるための重要な柱が文化大革命であった。米帝国主義をはじめ欧米帝国主義諸国は日本も含め、十三億人余の中国人民の思想変革とそれの全世界への影響を、資本主義の重大な危機と感じて、ありとあらゆる手段を講じ、文化大革命を誹謗中傷し、悪口雑言を投げかけ、「人道に背く迫害」や「殺人行為」が行われているなどと悪宣伝を行い、新生社会主義中国に対する経済的、軍事的圧力を強めた。こうした外部からの圧力とそれに呼応する内部の腐敗、修正主義指導部の変節が、『人民日報』による「文化大革命失敗」の宣言にあらわれたのである。

一九八一年一月、党と政府の中心人物であり、文化大革命を中心になって推進した王洪文《おうこうぶん》（党主席）、張春橋《ちょうしゅんきょう》（党常務委員・副首相）、姚文元《ようぶんげん》（党常務委員）、江青《こうせい》（毛夫人）らが「四人組」として、華国鋒《かこくほう》（党第一副主席）、葉剣英《ようけんえい》（国際部長）らによって逮捕・投獄されるという事件が起こり、文化大革命は終焉《しゅうえん》した。

一九八一年六月には「資本主義の道を歩むひと握りの実権派」と目されていた鄧小平《とうしょうへい》らが党・政府の実権をにぎり、文化大革命の全面否定を決定した。彼らは社会主義中国経済に資本主義への道「四つの近代化」（工業、農業、科学技術、国防の近代化）を導入した。このような中国の変節を見きわめたレーガン米大統領は、一九八四年四月中国を訪問し鄧小平と会談し、中国の四つの近代化（資本主義化）を評価し、鄧小平は米国の軍事力増強を支持した。

このようにして、社会主義中国の指導部は資本主義に蝕《むしば》まれていき、腐敗し堕落していった。支配層に属する官僚は、汚職・贈収賄で私腹を肥やし、官営企業の幹部達は、個人的な利潤を貪《むさぼ》り私財を蓄え、労働者に低賃金で過酷な労働を強いた。人民大衆は幹部の腐敗に怒り、貧困に苦しみ、富者の生活に批判の声を上げるようになった。こうした状況を見た米国など帝国主義国は、彼らの手先を中国に送り込み或いは中国内で育成し、北京大学、清華大学、北京師範大学などエリート大学の「優秀な学生」を籠絡し煽動して、庶民の怒りを代弁するかのようなポーズで、政権批判をはじめさせた。一九八九年四月、胡耀邦《こようほう》中国共産党総書記が亡くなると、学生達の先導によって追悼集会が開催され、その場で学生達は、「中国の民主化に道を開こう」と訴えた。「第一次天安門事件」という。同年五月には学生達が天安門広場でハンストに入り「民主化」を訴え、これに呼応して各地から学生達を中心に多くの人々が天安門広場に集まり、その数が次第にふくれ上がって百万人に及んだという。政府は北京に戒厳令を宣言して集会の解散を命じた。学生達は「李鵬《りほう》首相退陣」を叫びながら天安門広場を占拠した。中国当局はこれを「反革命動乱」として鎮圧することを決定し、同三日夜から四日未明にかけて軍隊が出動し学生達を制圧した。「第二次天安門事件」という。一般にはこの六月四日の事件を「天安門事件」といっている。

天安門事件について日本のテレビ、新聞、週刊誌などの報道では、「学生達の民主化要求への弾圧」「人民解放軍による虐殺事件」「天安門事件追悼集会」「天安門事件〇〇年記念集会」「中国政府最大のタブー」といったセンセーショナルな大見出しがおどっている。これはおおむね日・米政府の見解と一致しているようである。

ではその報道内容はいかがであろうか。天安門事件のとき学生で「民主化」運動に参加していた劉建《りゅうけん》（五〇）は、カメラを持って現場の写真を撮り、約二千コマ分のネガフィルムを保管していたが「今多くの人に写真を見てもらいたい」と考え「公表することにした」と言って一般に公開した。その幾つかが日米のマスコミで発表されている。しかしどの写真も解放軍兵士が銃撃し、弾にあたって倒れている写真や戦車にひかれて死んでいる生々しい写真はなく、あるのは座りこんでいる多くの若者達や止まっている戦車、走っている装甲車両などである。

当時北京大学の大学院で広場指導部の副総指揮だった封従徳《ほうしょうとく》（五三）は、「放送で広場の学生達に『撤退の意見が多い。今から撤退する！』と号令したら、学生達が南東に向かって撤退し始めた。そのすぐ後ろから兵士らが押し寄せてきた。パンパンパン、乾いた音が響いた」と日本の新聞に報告している。パンパンパンが何を意味するのか語っていない。

朝日新聞は、二〇一九年六月四日付「天安門の問い今なお」という解説記事の中で「四日未明、広場で劉暁波《りゅうぎょうは》（ノーベル平和賞受賞）らと一緒にハンストを続けていた周舵《しゅうだ》（七二）らのところに学生が駆け込んできて、震える声で「恐ろしいことが起きた〝血の流れが川のようだ〟兵士達は人を見れば誰彼構わず発砲している」と報告した、と記述している。報告したという学生が何者か、どの場所でどのような状況のもとでそうなったのか、どこからその情報を入手したのか不明である。

当時北京大学学生で、学生運動の指導者であり天安門広場で学生達の総指揮をとっていた王丹《わんたん》

（五〇）は、朝日新聞二〇一九年六月五日「耕論」で、記者の質問に答えて「私が通った北京大学の同級生の多くが党・政府機関にいます。彼らが権力を持てば、事件の名誉回復は必ずされるものと確信しています。そのときこそ、中国が変わる時です」と述べている。米・日社会に広く報道されている情報によれば、「同級生の多く」は解放軍に殺されたか、地にもぐったかしたのではなかろうか、もし生きて党・政府機関の要職にあるならば、米国に逃亡した人物とどう関係があるのだろうか。

当時北京師範大学の学生であったウァルカイシ（五一）は、朝日新聞のインタビューに答えて「私はリーダーでありながら生き残ってしまった。……いつか中国の民主化が実現したとき、犠牲者の霊が私を許してくれるように祈っている」と言ったと記載されている。記者はなぜどこでどのように、どれくらいの友人が殺され、本人はどうして生き残ったか、質問しなかったのだろうか。「大虐殺事件」だと言うのだったら、その時のリーダーであった人物に真相を尋ねなければならないのではなかろうか。

朝日新聞の「耕論」に登場してインタビューに答えたルポライターの安田峰俊は「天安門事件はエリート達の運動であった。当時の中国で大学生は超エリートだった。……学生の要求は普通の市民には分かりにくいものが多かった。『学生さん達が一生懸命やっているのだから応援しよう』くらいの感覚の人も多くいたと思います」と語っている。

そしてまた、事件当時、軍の中尉だった李暁明《りぎょうめい》（五五）の発言について「……兵士が市民に襲われたとの情報が流れ、義憤に駆られた十代の若い兵士が群衆に向けて自動小銃を連射し、多数の犠牲者を出したと聞いた」と言ったと朝日新聞は報じている。軍の中尉といえば一部隊の指揮官である。その立場の者が「情報が流れ」とか「聞いた」ことしか語っていないのはなぜか、それを「事実」として報道するマスコミの責任感のなさにはあきれるほかない。

このように、天安門事件に直接関わった中心人物らの「証言」を主体にマスコミは事件の「真相」を報道しているが、この報道の中で「学生達の民主化要求への弾圧」がどのようにして行われたのか。「人民解放軍による虐殺事件」の現場はどうであったのか、解明できる事実を見出すことはできない。

天安門事件の中心となって活躍した北京大学、清華大学、北京師範大学の学生指導者達は、事件後どこにいてどのような生活（活動）していて、現在どの国で如何なる社会的地位を占めているのか。その動向を検討することでこの事件の性質を推測することができるであろう。

写真二千コマ分を撮って、それを公開したという劉建は、事件後中国で生活していたが、三年前に米国サンフランシスコに移住し、在米人権団体「人道中国」という組織に関係し、米国の「中

国の人権問題」と称する中国を誹謗中傷する宣伝活動に協力している。

当時北京大学大学院の学生で広場の副総指揮をとっていた封従徳は、その後米国に入り「民主化運動」組織の幹部になっており、世界各地で反米政府転覆工作の指導を行っている。二〇一九年六月三日、日本に潜入していた封は成田空港から空路香港に向かったが、香港空港で身分がバレて成田空港へ送り返された。香港での「天安門事件追悼集会」に加わり反中国政府運動を煽動する目的であったと疑われている。

事件の総指揮をとった王丹は、当時北京大学学生であったが、事件後いち早く米国に逃れ、ワシントンで大学研究員の職に就き、米国の対中国工作機関「対話中国」の主宰者となっている。

当時北京師範大学の学生で、学生運動のリーダーであったウァルカイシ（五一）は、現在台湾の米国系企業に在籍し、資本家の手先として中国への工作をすすめる役を果たしている。

北京の大学で学んでいて、学生運動の指導者になっていた周鋒鎖（五二）は、米国の投資会社の役員となり、中国の「民主活動家」の支援をし、メディアを通して中国批判を行っている。

北京大学の学生で学生運動の指導者だった劉剛（五八）は米国銀行の役員であり、北京師範大学の学生であった紫玲（五三）は米国でネット企業の経営をしており、その他学生リーダーの主要な人物であった、梁擎暾《りょうけいとん》（北京師範大学）、王超華《おうちょうかく》、張伯笠《ちょうはくりゅう》、熊焱《ゆうえん》（それぞれ北京大学）、張光清《ちょうこうせい》（中国政治大学）、李録《りろく》（南京大学）、熊幃《ゆうき》（精華大学）らは、いずれも現在米国に在住し、米金融会社、米投資会社、キリスト教牧師、人権団体などの役員や幹部として登用されている。

天安門事件に関わった学生の指導者の中心人物の多くが、このように米国に移住して、社会的に高い地位を与えられ、共通して現在の中国に対する「民主化」運動の煽動と中国の「非人道」行為を非難、宣伝する活動を行っている。これはただ単に当時の一流大学のエリート学生の思いつきではないだろう。彼らの後ろにＣＩＡのような米国の国家権力と直接結びついている秘密組織による操作だと憶測するのが必然だと思われる。

天安門事件の経過と動機、そして超エリート学生の指導による集会・デモ、暴動の状況を、以上述べたことをもとに検討してみれば、この事件の性質は、次のように言えるのではないか。毛沢東らの指導により、人民の団結したたたかいによって建設された社会主義中国は、指導部の中に発生した腐敗分子と外部の米帝国主義などが企《くわだ》てる社会主義国転覆の陰謀とその手先が結びついたということ。指導部の混乱に乗じて官僚主義がはびこり私腹を肥やす指導層に人民の怒りが燃え上がり、弱体化した政府のあやまった政策によって人民生活が貧窮し怒りの炎に油をそそいだということ。それにつけこんだ学生の指導部が米国の手先となって人々を扇動し、「民主化」「政府打倒」を叫んで天安門広場で集会を開き暴走したということ。それに対して政府が軍隊を出動させ、鎮圧しようとして事件に至ったということではなかろうか。これは対立する米国と中国という、資本主義国とまさに資本主義国に転落しつつあった国の指導部の争いであって、それは「目糞鼻糞」のたぐいであり、「犬猿」の争いと言えるであろう。双方が傷つき、双方が損害を受けるのは当然である。ただこの場合、一方が他方の悪業を誇大に宣伝して、中国をおとしめようとしている米国に荷担し、その尻馬に乗り、天安門事件を一方的に「残虐事件だ！」「鉄砲と戦車による人民弾圧事件だ！」と騒ぎたてる日本政府とそれに追従するマスコミの意図を暴露して、中国の現状を正しく認識し、日中両国人民の友好連帯を求め、アジアの平和のために献身するのが我々の責務であろう。（登場人物の年齢は二〇一九年現在）

ソ連の消滅

中国をめぐる情勢は、以上述べたように中国国内の情勢の変化と主として米国を軸にした資本主義国との関係がからみ合って進展し天安門事件に至った。その後も米中関係が強く影響しながら中国を含むアジア情勢は変化発展している。

この間米ソ関係もまた深まり変化しつつ進んでいった。

ソ連のアフガニスタン侵攻に対して、米国は経済制裁で報いた。しかしそれだけではなく一九八〇年九月に開催されたモスクワ・オリンピックを米国はボイコットし、日本政府も米国に促《うなが》されて選手の派遣を中止した。その後米国は、イラン・イラク戦争に介入し、或いはイランの人質解放に武力を使い、中国の政変、エジプトの政変などにも関係し、ソ連の内部撹乱にも手を伸ばす中で、対ソ戦略の一環として一九八二年十一月にソ連に対する経済制裁を解除し、ソ連首脳との接触を深めた。

一九八三年九月、ソ連領空内に侵入した大韓航空機がソ連空軍によって撃墜された。「韓国」の政権は米国の傀儡《かいらい》であることから、米ソ関係に再び暗雲がたれこんだ。一九八四年五月、ロサンゼルス・オリンピックに対し、ソ連は先のモスクワ・オリンピックを米国がボイコットしたことの報復も兼ねてこれに不参加を決めた。こうした状況の中で、一九八五年十一月、米ソ首脳（レーガン・ゴルバチョフ）会談が行われ、米ソ（東西）の緊張緩和に両者が歩み寄った。続いて一九八七年十二月、米ソ首脳会談が行われ、ＩＮＦ（中距離核戦力）全廃条約に調印した。一九八八年四月にはアフガニスタン和平が成立し、ソ連軍はアフガニスタンから撤退を開始した。続く一九八八年五月、米ソ会談が行われ、ＩＮＦ全廃条約の批准交換が行われ、両国のミサイル廃棄が始まった。同じ年の六月、米国で〝「国連軍縮特別総会（非政府組織などが参加して国連が開催する会議）」が決定した軍縮決議を実行せよ〟として反核集会・デモが行われ、世界各地から二十万人が参加した。

このようにして、米国が仕掛けた米ソ間の「雪解《ゆきど》け」政策は目に見える効果をあらわし一九八九年十二月、米ソ首脳はマルタ島で会談し、「冷戦終結」「新時代の到来」という共同声明を発表した。労働者の未来を照らし、社会主義へと全世界人民の進むべき道を拓く試みは、内部の腐敗と外部の圧力の前に屈し、ソ連邦は消滅した。一九八九年十一月にはベルリンの壁が崩壊し、ソ連傘下にあった東ドイツも崩れ去った。

朝鮮半島情勢

この間、日本と深い関係がある朝鮮半島などの情勢も大きく動いた。

一九七九年十月に起こった朴正熙大統領暗殺事件後、「韓国」内では民主化の要求・運動が急速に高まった。こうした動きに対して、軍によるクーデターで実権をにぎった全斗煥は、一九八〇年五月、全土に戒厳令を宣布し、金大中ら与野党の大物政治家を逮捕するなどして民主化運動への弾圧を強めた。各地でその弾圧に反対して民主化運動は高揚し、なかでも光州では大規模な街頭デモが起こり、これを弾圧しようとして出動した戒厳軍部隊と衝突した。戒厳軍部隊は情《なさ》け容赦《ようしゃ》なく暴行を加え発砲し市民を殺傷した。デモに参加していた人々だけではなく、広範な人々がこれに怒り反撃した。軍は戦車まで出動させ無差別に労働者、学生、市民に銃撃を加え、数千人にも及ぶ死傷者を出すといった大弾圧、大虐殺事件に発展した。軍の残虐行為は十日間も続き、デモはようやく「制圧」された。全斗煥政権はこの事件について言論封鎖を行い、米軍もまた政権を支持し、この事件の真相は長期にわたって「韓国」内のみならず世界にも知られることはなかった。この事件の渦中にあって、市民の側に立って奮闘した若き弁護士文在寅《むんじぇいん》が現「韓国」大統領である。この事件の公式名称は「五・一八光州民主化運動」または「光州人民蜂起」とされている。

全斗煥はこのようにして、労働者、人民大衆の民主化要求を踏みにじり、軍の力を背景に一九八〇年九月、大統領に就任した。逮捕された金大中元大統領は死刑の判決を申し渡された。その後「韓国」の政情に注意をはらっていたレーガン大統領は、一九八五年四月、全斗煥大統領をワシントンによび寄せ会談を行った。会談でレーガンは、全斗煥に因果を含めて軍政をとくよう説得し、全は一九八八年には政権を平和的に移譲することを約束した。

「韓国」を後《うしろ》であやつる米国は、対北朝鮮（反共）の砦として、日「韓」を同盟で結び北朝鮮・中国侵略の第一線に立たせようとして両政府の接近・親交をはかった。すると日本の政治家の中の民族排外主義が頭をもたげ、朝鮮民族を侮蔑《ぶべつ》し見下す風潮を煽る者が出るようになり、それに右翼団体が呼応して、「嫌韓」という言葉がマスコミからも流布《るふ》されるようになった。そうしたとき一九八六年七月、藤尾文部大臣が「教科書問題」（日韓併合についての記述で「韓国」から異議が出、国際問題となる）に関して「日韓併合は韓国にも責任がある」と発言し、「韓国」から厳しい批判が出て日本国内でも問題になり、藤尾文相が罷免されるという事件が起こった。

全斗煥の軍政・独裁政治に反対して、「大統領直接選挙」を要求する声が全土から上がり、民主化を求める運動はさらに一層高揚した。そうした世論を受けて、与党である民正党代表の盧泰愚が「大統領直接選挙制」など民主化要求を受け入れるという声明を発表し、この声明に呼応して反政府デモが一挙に拡大して大集会となった。この間米国大統領レーガンが全斗煥政権に対して「平和的対応」を要請するということもあり、一九八七年七月、全斗煥大統領は「盧泰愚案」を受け入れると表明した。同十月、国民投票により直接選挙制度が確立し、同十二月、盧泰愚は大統領に当選した。その後一九八八年十一月、全斗煥は光州事件の責任を追及され、追放された。

世界情勢と日本経済

一九八〇年代の世界情勢は日本経済に大きな影響を与えた。

一九八四年一月、国連食糧農業機関（ＦＡＯ）は会議を開き、「アフリカの二十四カ国一億五千万人が飢餓状態にある」と発表し、全世界で改めて世界の食糧事情の深刻さが問題になるようになり、日本も又自給体制と食糧援助について再検討しなければならないという認識が深まった。

一九八五年九月、ニューヨーク・プラザホテルを会場に、米・日・西独・英・仏五カ国蔵相・中央銀行総裁会議（Ｇ５）が開催された。当時米国は巨額の財政赤字や高金利を背景にドル高を通じて膨大な貿易赤字を発生させ、世界的な不均衡が問題になっていた。そこで米国はドル高の修正によって対外不均衡を是正しようとして為替レートの調整を提案した。各国はそれに合意し、ドル売りの協調介入をはかることになった。「プラザ合意」という。日本の場合、一ドル二百三十五円が一年もたたないうちに百五十円という円高をまねき、円高の進行によって日本産業は大きな打撃をうけた。日本経済は、「オイル・ショック」という経済恐慌を切り抜けるため、省エネ、イノベーション（技術革新）などといって産業構造の転換政策をとり、新市場の開拓をはかっていたが、需要が伸びず大企業は輸出に頼って生きのびようとしていた。そこにこの「プラザ合意」の実施によるドル安、円高の荒波であった。日本産業は大打撃を受けたのである。産業界は輸出をおさえられ、生産過剰はいっそう深刻さをましていたところに、一九八六年一月、日銀は公定歩合の引き下げを行い、企業の投資のための資金提供を大幅に増加した。一年間に五・〇%から四・五%に、一九八七年二月には二・五%へと引き下げたのである。企業は資金の融資を受けても、過剰生産の危機にあっては新たな設備投資をして新製品の製造ができる見通しはなかった。資金は次々と株式市場や土地などの投機に投下されていった。バブル経済のはじまりである。しかもこの時機に資本はいっそうの労働者搾取の手だてを政治家に託し、「労働者派遣法」を成立させた。これは正社員を減らし非正規労働者に入れ替え、賃金を安くし、景気の安全弁としていつでも労働者の首切りができるという悪政策である。需要はいっそう減少し市場は狭まった。投機に走った資金は多く不動産売買市場に流れ込み、土地の価格は高騰した。首都圏では、一九八六年四月に土地の価格が一年間に五七・六%上昇しており、一九八八年四月には一年間に六五・三%上昇していた。株価もまた高騰した。まさにバブル経済である。この間米国は日本の政府・日銀に働きかけ、いっそうの金利引き下げを促した。バブル経済に拍車がかけられ、バブル崩壊の危機が迫っていった。

プラザ合意によるドル安は新たな国際的経済危機をよびこんでいた。プラザ合意を行った五カ国（G5）にカナダ、イタリアを加えて先進七カ国蔵相中央銀行総裁会議（G7）が一九八七年二月パリの旧ルーブル宮殿で開催され、会議は行き過ぎたドル安が米国のインフレを促進しているという懸念が起こり、ドル暴落に歯止めをかけようとして開催された。この会議で合意されたことは、一、各国通貨の変動にゆるやかな許容範囲を設ける。二、これをこえたとき当該通貨当局が協議のうえ市場介入を行い、各国はこれに協力する。というものであった。「ルーブル合意」という。しかしこれは、バブル対策としては「焼け石に水」であり、同十月、ニューヨーク株式市場で株価が大暴落した。下落率は二二・六％で「暗黒の月曜日」と言われ、東京株式市場も過去最大の下げ幅を記録した。

こうした日本を含む世界経済の危機に直面し、政府・日銀は無策のままであり、しかも米国は、日米貿易に圧力を加えいっそう日本経済を危機に追いこんだ。一九八七年三月、米国政府は、日本が日米半導体協定に違反しているとして、対日制裁措置を発表し、同年七月には、ココム（共産圏向け戦略物質などの輸出統制機関）違反の疑いがあるとして、米上院は東芝製品禁輸などを含む包括貿易法案を可決した。一九八九年には、ＩＭＦ（国際通貨基金――米国主導）が日本政府に対して、消費税の導入を要請し、政府は世論の反対を押し切って同年四月から消費税三％の導入をはじめた。日本経済は需要が落ちこみ、企業の設備投資はできず、日経平均株価は同年末最高値三万九千円であったものが急落しはじめた。実質生産のともなわいバブル経済は底知れぬ沼に落ちこもうとしていたのである。

バブル経済の危険性を具体的に示したのが「リクルート事件」であった。一九八八年六月、川崎市助役がリクルートの未公開株譲渡で、約一億円の利益を上げていたことが発覚した。以降、リクルート疑惑で、森田日本経済新聞社長が辞任、公明党池田代議士が党役員辞任、社会党上田代議士が衆議院議員辞職、丸山読売新聞社副社長が辞任するといった事件が次々に起こった。一九八九年四月には、リクルート事件で高まった政治不信の責任をとり、竹下首相が辞意を表明し、同年六月、竹下内閣は総辞職して、宇野宗佑内閣が成立した。

リクルート事件は、リクルート社（江副浩正会長）が、一九八五年から一九八六年にかけて、中曽根康弘、安倍晋太郎、竹下登、宮沢喜一など、自民党有力者や塚本三郎民社党委員長、池田克也公明党代議士など野党国会議員のほか、真藤恒NTT会長、加藤孝労働次官、高石邦男文部次官などにたいし、同社の関連会社リクルート・コスモスの未公開株を譲渡して、大きな売却益を得させたのである。この事件は氷山の一角であり、政・財界にはこうした汚職の腐臭がただよっていることを多くの人々が知るようになった。資本家や政治家連中は、生産実態のない「バブル景気」に浮かれ、労働者を踏みにじって疑獄の道を突っ走ったのだ。

こうした世界経済の重大な危機に際して、政財界は、「オイルショック」以来、「省エネ」「技術革新」をとなえて産業構造の転換をはかり、新産業、新製品をつくり出して危機脱出を試みたが、国内外の需要は頭打ちで市場は狭隘、投資はままならず、資金は株など投機に流れ、バブル経済を現出させたのである。こうした時、この世界経済危機脱出に、ベルリンの壁崩壊、ソ連邦の消滅は絶好の機会だと「手薬煉《てぐすね》引いて」（十分に用意して今か今かと機会を待つ）いた欧米資本主義国（帝国主義国）ではあったが、西独は東独合併で財政が圧迫され、東欧諸国は内紛・内乱が続いており、ソビエトは政変で、何ら資本主義国に益するものはなく、過剰生産による恐慌、バブル経済は回復しないまま重大な危機を孕んで一九九〇年代へと続いた。

薬害エイズ事件

一九八〇年代から一九九〇年代にかけて、社会の注目をあびた大事件は、「薬害エイズ」事件であった。

この事件は、エイズ（ＨＩＶ）に汚染された非加熱血液製剤が血友病患者に治療薬として使用され、エイズ患者が発生し一挙に国内に広がった事件であった。

一九八二年から一九八六年にかけて輸入された非加熱血液製剤が治療薬として使用され、二千人以上のエイズ患者が出た。そこで一九八九年、エイズに感染した血友病患者達が国と製薬会社を告訴した。一九九六年には肝臓病治療にも使われ、エイズ感染が広がった。彼らは製薬会社ミドリ十字を殺人罪で告訴した。

一九九六年八月、厚生省エイズ研究班長安部英《たけし》（元帝京大学副学長）が業務上過失致死容疑で逮捕され、同年九月ミドリ十字の歴代社長三人が逮捕された。

安部は、非加熱製剤の危険性を知りながらエイズ感染の事実を隠し、加熱製剤への転換を故意に遅らせ被害を拡大させた。国内トップの血液製剤メーカーであるミドリ十字は、安全であると偽《いつわ》って販売を続けたのである。

この事件は、製薬独占と政府（厚生省）がグルになって、エイズ汚染の血液製剤と知りながら、事実を隠蔽し「安全」だと言って人々を騙して患者に売りつけ、ボロ儲けをしたのである。

ミドリ十字は、幹部を七三一部隊（二百九十三ページに詳述）出身者が占めており、米国の製薬大手から独占的に血液製剤その他の医薬品を輸入・販売していた。

こうして見ると、この事件の背後には米国政府と製薬独占がいて、彼らの息のかかった日本企業と政府・官僚を繰り、米国でエイズ患者からも買った血液を加工した非加熱血液製剤を売りつけ大儲けをしたものだと推測できる。

日本の患者だけでなく広範な人々にエイズ感染と死の恐怖を与えたことは、徹底的に糾弾されるべきであり、許し難いことである。

このようにして歴史は一九八〇年代から一九九〇年代へと移っていく。
一九八九年一月、天皇裕仁没し、明仁後継。元号が昭和から平成となった。

一九九〇〜二〇〇〇

バブル経済

バブル経済の崩壊と政界再編

バブル膨満、破裂寸前

バブル崩壊

バブル崩壊に付け入る米国資本

労働者・人民生活の貧困化

「二大政党」のペテン、小選挙区制

日米軍事同盟の強化

バブル経済の崩壊と政界再編

一九九〇年代は「省エネ」「技術革新」などと称えて、「オイル・ショック」と言われる深刻な経済不況から逃れようとした産業界は、新市場の開拓もままならず、実体経済をともなわないバブル経済の道に迷い込み、政府もまたなすすべもなく、「失われた十年」となった。労働者・市民の生活は次第に窮乏化へと追いこまれていく時代であった。

世界経済の支配を企む米国は、主要産業である軍需産業の落ちこみもあって、ドル危機、経済衰退となり、危機に追いこまれていった。これは世界経済の景気停滞をもたらし、日本も強い影響を受けた。しかも頼みとしていた東欧諸国も新市場とはならず、世界的な経済危機は深刻の度を深めた。

米国はその打開の道の糸口を、新しい戦争挑発に求め、イラン、イラク、北朝鮮などを「ならず者国家」として戦争準備をすすめ、一方では経済の危機が反映して生じた日本政界の混乱を立て直し、保守二大政党体制を作って、経済の安定化をはかろうと企んだ。米日独占資本は、政界再編の荒療治に乗りだした。その政策の第一は、自民党を分裂させ、野党の中から社・共を切り離して保守二大政党に再編すること、その第二は二大政党を可能にし、その他の政党の入りこむ余地をなくするための「小選挙区制」の導入であり、第三は「五五年体制」を支えてきた社会党を消滅させることであった。

バブル膨満、破裂寸前

一九九〇年三月日本銀行は、公定歩合を一%引き上げ五・二五%として、(八月には六%へ)バブル経済が危機に落ちこむことを防ごうとしたがすでに「手遅れ」であった。あわてた政府は、地価高騰への対策として金融機関に不動産融資の総量規制を通達した。これもまた「手遅れ」に拍車をかけるものとなり、証券会社、金融機関の経営をあやうくし、バブル崩壊の「引き金」となった。

一九九一年一月湾岸戦争が起こり、米国はイラク侵略を開始した。米国は日本に対し戦争協力を迫り、海部政府はそれに応じ協力資金およそ百三十億ドルを供与した。これは政府財政を圧迫し、バブル経済対策に悪影響を及ぼした。(百三十億ドルは約二兆円に相当)

一九九〇年四月には、三井銀行と太陽神戸銀行が合併し、一九九二年四月さくら銀行となった。これはバブル経済破綻の端緒であり、苦境に追い込まれた金融機関、証券会社などが合併によって難を逃れようとしたり、倒産におちいる前兆であった。

バブル経済がはじけそうな兆候が見えてきたとき、米国は自国の財政赤字解消のため、日本に協力を要請し、一九九〇年六月日米構造協議を行った。協議では一九九一年度から公共投資十カ年計画をたて、総額四百三十八兆円の資金を投入して米企業にも参加させること、大店法、独禁法など米国の主張を受け入れて見直すことが決められた。日本経済の成果が米国に横取りされることになり、必然的にバブル崩壊が目に見えてきた。一九九〇年十月、東証株価は二万円を割り、一九八九年十二月の史上最高値三万九千円からわずか九カ月で約五〇％の暴落となった。時価総額で五百九十兆円が一挙に三百十九兆円に減少した。バブル経済崩壊のはじまりである。同年十一月には協和銀行と埼玉銀行が合併し、一九九二年にあさひ銀行となった。

引き続き米国からの圧力はやまず、一九九一年四月牛肉・オレンジ等農産物の輸入自由化が開始され、農家に大きな打撃を加えた。そうした中で、金融・証券の世界では、不正取り引きや汚職で生きのびようとする企みも行われ、一九九一年六月には田淵野村證券社長が大口顧客への損失補填などの不正取引の責任を取り辞職した。こうした証券・金融の不祥事件が続発し、一九九一年十月橋本蔵相が引責辞任に追いこまれ、海部内閣は総辞職し、一九九一年十一月宮沢内閣へと移った。

一九九二年八月政府は、景気対策として過去最大規模の十兆七千億円の財政措置を決定し実行したが、これは「焼け石に水」であった。

同十月大蔵省は、都銀などの二十一行の不良債権は九月末で十二兆三千億円となり、回収不能が四兆円にのぼると発表した。

こうした中、一九九二年十一月、東京地裁で佐川急便事件の公判が開かれた。一九八七年に竹下政権誕生の際の金丸信・竹下登らの日本皇民党による「ほめ殺し」対策への関与が表面化したのである。衆議院予算委員会は、佐川急便事件に関し、竹下元首相を証人喚問し、東京地裁は金丸信の臨床尋問を行った。政府の信用は失墜し、大企業と政治家の癒着・汚職体質に対する憤激の声が上がった。

バブル崩壊

バブル経済の崩壊は歴然としてきた。政府・日銀はその対策に苦慮したがなすすべもなかった。一九九三年二月日銀は公定歩合を過去最低の二・五%に引き下げたが効果は目に見えなかった。同年七月、経済白書が発表され、政府は「バブル崩壊は財政、金融政策の失敗」であったと認めた。八月には円高が戦後最高の一ドル百・四円まで上がった。地価は暴落し、公共料金は値上げとなり庶民生活を圧迫した。一九九四年五月、経済企画庁は「経済不況が三十七カ月続いている」とし、これは戦後最長であると発表した。

一九九五年七月、製造物責任法（ＰＬ法）が成立、施行された。これは企業の製造物の欠陥から消費者が生命、身体、財産に被害を受けた場合、製造業者である企業に「無過失責任」（損害の発生について加害者の過失の有無に関わらず損害賠償責任を負わせること）を含めて賠償責任を負わせる法律である。この法律の必要性はすでに二十～三十年も前から議論されていたが、政府は資本家を擁護しようとしてなかなか法案として提出しなかった。しかし余りにも資本家の側に立って事を行おうとする政府に各方面からの怒りの声が上がり、問題提起からおよそ二十年を経て法律となり施行された。これは企業にとってかなりの負担となったようである。

一九九三年、米国ではクリントンが大統領となり、その政策の重点に財政赤字の削減をうちだした。クリントンは、赤字削減のための市場を日本に求め、ＣＩＡ長官にゲーツを置いて日本経済の調査・検討を行い、日米構造協議や日米包括経済協議を開催させ、日本の産業構造の転換をはかり、米国企業が日本市場を意のままに活用する道をひらき、米国企業が利益を得られるようにした。この頃、駐日大使アマコストは「（米国の利益のために）日本政府に規制緩和をやれと言えば、政治家は従う。官僚は抵抗するであろう」と米国政府に報告している。

一九九四年七月、政府は経済白書を発表し、円高、バブル経済の崩壊がすすむ中で、規制緩和による構造改革の推進を訴えた。同年十月政府は、一九九五年から二〇〇四年の間に六百三十兆円にのぼる公共投資を行うと発表し、この年九月には、関西国際空港が三兆円にも及ぶ公共投資により、米ゼネコンも参加して完成し、開港した。

一九九五年一月、阪神淡路大震災が起こった。三十四万人の人々が避難する戦後最大の大惨事となった。淡路島を震源とした大地震は、兵庫県南部に壊滅的な被害をもたらした。地震の規模は阪神間で震度七を記録し、これは観測史上最高であった。死者・行方不明者六千四百人、負傷者四万四千人、避難者三十数万人、住宅被害約六十四万棟、被害総額はおよそ十兆円と見積もられた。地震直後、道路、鉄道、電気、水道、ガス、電話などインフラは寸断され、阪神高速道路は十数カ所で崩壊し、山陽新幹線も寸断、地下鉄は各所でトンネルが崩壊した。人工島ポートアイランドと六甲アイランドは液状化を起こし地盤が沈下して大きな被害を受けた。市街地では神戸市長田区など木造住宅密集地域が特に大被害をこうむった。高速道路、新幹線、人工島など「最新技術」を駆使して建設したといわれる都市インフラが壊滅的被害を受けたのである。「日本最大の産業が最新の技術を使ったというが、これほどにも脆弱《ぜいじやく》であったことは、不健全であったのか、それとも腐敗していたのか」という誹《そし》りを受けて当然であろう。しかもこの大震災の被害は、下層の貧困労働者・市民の住宅に甚大な被害を与え、上層の裕福な人々は大きな被害を受けなかった。低賃金、低収入の人々は耐震・耐火住宅に住むことはできず、粗末な木造住宅でがまんする他はなく、裕福な人々は、耐震、耐火の鉄筋コンクリートのマンションに住み、被害を最小限にくい止めることができたのである。「自然災害は貧富の差なくすべての人々に平等に襲う」のではなく、自然災害にも貧富の差があることを知ることができる。もちろんこの大震災からの復興は政府財政に大きな負担となり、崩壊しつつあったバブル経済をいっそう悪化させた。

こうしたとき一九九四年四月には、一ドルが八十円という円高になり、日本産業は大打撃を受けた。政府は不況対策として、公共事業に二十兆円をこえる資金を投入したが、バブル経済崩壊の「歯止め」にはならなかった。一九九六年二月、政府は住専（住宅金融専門会社）の不良債権処理に公的資金約七千億円を投入する予算案を提出し、世論の怒りが一気に高まり、国会は紛糾し、空転が続いた。

このようにしてバブル経済が崩壊していくなか、一九九八年山一証券は特別融資を受けて再建をすすめていたが、簿外債務が二千六百四十八億円を上回ることが明らかになり、自主廃業した。このとき野沢山一証券社長は「社員は悪くありませんから」という芝居がかった台詞《せりふ》を述べ、経営者の醜悪な顔をさらけ出した。

こうしたとき一九九七年四月、政府はＩＭＦ（国際通貨基金）の意向を受け「財政健全化」のためだと言って消費税を五％に引き上げた。個人消費が一挙に落ちこみ、産業界にとって大きな負担となり、景気は悪化し、バブル経済崩壊は一挙に加速した。同四月大蔵省は、経営不振の日産生命に業務停止命令を出した。生保業界では初の経営破綻であった。その直前三月には、野村証券が総会屋への利益提供を認め、続いて山一証券、大和、日興など大手証券が総会屋に利益提供していたことがあばかれ、第一勧業銀行までも同様の事件を起こした。総会屋の手を借りなければ経営破綻の取りつくろいができぬ程に落ちこんだのである。

政府は大いにあわてて、その対策に大童となった。一九九七年六月、金融制度大改革（日本版ビッグバン）と称して、金融機関に対する規制を大幅に緩和し、銀行、証券などの垣根を取りはらって自由化した。また日本金融市場を国際金融市場に開く規制緩和を行い、続いて独占禁止法を骨抜きにし、持株会社の自由化をはかった。雇用関係では男女雇用均等法を改悪し、それにともなって労働基準法も改悪して、女性保護の法規制をなくすなど、労働者を低賃金で無制限に働かせ、搾取を容易にする道を開いた。

しかしバブル崩壊は防ぎようもなく、一九九七年七月、東海興業が会社更生法の適用を申請した。上場ゼネコン初の倒産であり、次々とゼネコンの倒産が続いた。九月にはスーパー・ヤオハンが倒産し、他にも波及した。十一月に入ると、三洋証券が倒産し、山一証券は自主廃業、北海道拓殖銀行が破産するといった状況に陥った。この頃一九九七年十月、米国のダウ工業平均株価が五百五十四ドル安の七千百六十一ドルとなり、史上最大の下げ幅を記録した。世界市場はただちに反応して世界同時株安となり、日本経済にとって致命的な打撃となった。

時を同じくして、危機に追い込まれた金融機関と政治家・官僚が癒着し、利益誘導を行い、難を逃れようとして犯した汚職事件が次々に発覚した。一九九八年一月大蔵省金融証券検査官二名が都銀からの収賄容疑で逮捕され、三塚蔵相が辞任した。同二月新井衆議院議員（自民党）が逮捕請求許諾議決直前に自殺した。日興証券への不正利益要求で事情聴取中であった。同三月には、日銀営業局証券課長が銀行からの収賄容疑で逮捕され、松下康雄日銀総裁が辞任した。たまらず政府は、一九九八年六月大蔵省の金融検査・監督部門を独立させて金融庁とし、金融関係機関の検査・監督を強化することにした。

政府のいかなる対策もすべて「手遅れ」となり、バブルははじけバブル経済は崩壊した。一九九八年一月の大蔵省発表によれば、一九九七年末で銀行一四六行の自己査定不良債権総額は七十六兆円にのぼり、貸出総額の一二・六％になっていた。一九九八年十月には日本長期信用金庫が債務超過で破産し、その直前に成立した金融再生関連法の適用を受けて一時国有化され、四十六年の歴史が終わった。同十二月政府は、債務超過の日本債券信用銀行を一時国有化し、同行は経営破綻した。

バブル経済崩壊のなかで、生き残りをはかるための企業合同が続いた。一九九九年三月金融再生委員会は、大手銀行十五行に総額約七兆五千億円の公的資金の投入を承認した。同年八月第一勧銀、富士、日本興業銀行が統合を決定し、総資産百四十兆円のみずほフィナンシャルグループとなり、二〇〇〇年二月には金融再生委員会が、日本債権信用銀行をソフトバンクなど三社連合へ譲渡することをきめ、あおぞら銀行となった。

バブル崩壊に付け入る米国資本

バブル崩壊という日本経済の危機を見て、米国は自らの経済危機を逃れるための新市場を日本に求め、政府に働きかけ「規制緩和」政策をとらせ、米国資本の日本侵出を容易にさせた。

一九九九年九月、金融再生委員会は、一時国有化していた長銀を米投資会社リップルウッドへ譲渡することを決定し、六月には新生銀行となった。同十月、国際協力銀行、日本政策投資銀行、国民生活金融公庫が発足し、株式売買委託手数料を完全自由化し、銀行の証券子会社の株式関連業務を全面解禁した。日本版金融ビッグバンの一環である。その上、一九九九年十二月には民事再生法を成立させ、和議法に代わる再建型倒産処理手続きを定めて、倒産処理の手続きを簡略化したのである。

こうして米国金融資本が次々と日本に投資してくると同時に、米国企業の日本侵出にも道を開くため労働市場の自由化がはかられた。一九九九年十二月、改正労働者派遣法が施行され、派遣対象業務を原則自由化した。「労働者派遣会社」というのは、一九六〇年代米国の子会社として外資系企業へ、通訳、秘書、タイピスト等特殊技能を持った労働者を派遣することから始まった。一九七〇年代に入ると多くの人材派遣会社が設立され、ＯＡ機器の操作やプログラマー等特殊技能の専門分野から次第に広がり、ファイリングや財務処理、建築物の清掃などといった単純労働にまで拡大した。これでは労働者が無制限に不利な労働条件で働かされるので、規制する必要があると言って、一九八六年労働者派遣法が施行された。しかし業務先は拡大し「派遣」を制限することにはならなかった。そこで、キーパンチャーなど企業の求めに応じて一般労働者を派遣する「登録型派遣」と派遣会社が雇用している者を派遣する「常時雇用型派遣」の二種に限定された。当初はこのように派遣できる業務が制限されていたが、資本の要請に政府が応じて、〝雇用の流動化〟という欺瞞で規制が次々に緩和され、一九九九年には原則自由化となり、「効率化」「外注化」という言葉が公然と言われるようになった。企業は新採用を減らし正社員の首切りを行うなどして、派遣社員に切り替え、或いは雇用調整のために派遣労働者を使うなど、労働者に低賃金で過酷労働を強い、企業の意思で労働者を商品扱いするようになった。これは派遣労働者だけでなくすべての労働者への攻撃だとして労働者の怒りは地中のマグマのように充満している。一九九六年六月には、「男女共同参画社会」という表向《おもてむ》き美しい言葉で、その実女性の保護規定をなくし、次世代を担う子を産み育て教育する任務を犠牲にせよと迫る政策までもが打ち出され、労働者の怒りはたぎり始めた。

そして一九九九年に始まる日本銀行の「異次元金融緩和」によって、バブル崩壊から資本主義経済そのものの崩壊へと転落していく道を辿って二〇〇〇年代へと入っていくのである。

労働者・人民生活の貧困化

バブル経済の崩壊という危機に直面して、資本家は自ら作り出した危機から脱しようとして、労働者に犠牲を強い、首切り、低賃金、過重労働や正社員の首を切って非正規社員に置き換えるなどの悪業を働いた。労働者・人民の生活は困窮し、自殺、犯罪に走ったり、生活保護に助けを求めるようになり、新たな労働組合結成への動きも起こった。

生活保護所帯は、一九九六年およそ六十一万世帯に及んでいたが、二〇〇四年までに百万世帯に急増した。貯蓄のない所帯は一九九〇年代から増加を続けている。一九八〇年代後半頃は、貯蓄のない世帯は全世帯の五％くらいであったが、二〇〇五年には全世帯の二二・八％が貯蓄等のない世帯である。貯蓄がないということは、所得だけでは生活できないということである。昨今政府が年金支給額が少ないから「現役時代から貯蓄するようにせよ」と言ったことに対する憤激の声が上がっているのは当然である。

一九六〇年代頃から、政府・資本家は労働組合の弱体化をはかり、カネの力で第二組合をつくって組合を分裂させ、組合幹部を懐柔して労働貴族を育成し、組合の御用組合化を画策した。弱体化し御用組合化した労働組合は、労働者の権利を守れず、非正規労働者の増加を阻止できず、正規社員の首切りとたたかうことができなくなった。二〇〇〇年現在で、非正規労働者の数は二百万人に達したといわれ、その後も増え続けている。特に女性労働者の七割以上が非正規労働者だという数字も出ている。非正規労働者は企業の景気安全弁とされており、いつ首を切られるか分からないという不安定な立場に置かれているのである。

資本家は巨万の富を蓄積しており、大企業の役員ともなれば庶民の想像できない程の収入を得ている。ＩＴ産業の社長クラスで月収で見て二億円から三億円を受取っている。ゼネコンでは、一億円～二億円くらい。自動車産業で、一・二億円。電機で〇・七億円という上場企業の役員報酬の記録がある。月収二十万円程度で苦しい生活をやりくりしている人々が多いこの社会で、貧富の差はこのように大きくなっており、資本家はカネにまかせて権力（国家権力を含む）を振るって労働者を抑圧し搾取している。資本家はカネと権力で「自由」を謳歌しており、労働者は職を選び職を求める自由すらない。資本家や富裕層は自然災害が起こっても被害を最小限にとどめている。労働者は大災害に直撃され被害は甚大である。貧乏人でも被災からの復興は「自己責任」だと政府は空とぼけている。これは今日の資本主義社会が階級社会であるということを証明しており、労働者は次第に自覚を高め、立場をはっきりさせ、支配者の横暴に怒りの炎を燃え上がらせようとしているのである。

「二大政党」のペテン、小選挙区制

バブルの崩壊という日本経済の危機は、そうした経済の土台の上に成り立っている政治に大きな影響を与え、政局は不安定になり、政治家の権力争いや資本家の政治への介入などが露骨にあらわれるようになった。そこに目をつけた米国は、日本にも米国のような二大政党の対立（民主党と共和党といういずれもブルジョア政党を対立させ、互いに牽制《けんせい》し合い、補《おぎな》い合って、資本家の利益に奉仕する政治を行うこと）をつくり出して政局を安定させ、米・日資本家の意のままに働く政権を樹立させようと企んだ。そのために権力の背景として、日米安保条約（米軍基地と米軍）をおき、政党解体、再編のために、莫大な資金を用意した。こうした荒療治をすすめていくなかで彼らは、「小選挙区制」を導入することで、保守「一党独裁」体制をつくり出したのである。

一九九四年十月、ニューヨーク・タイムズ紙はCIAが一九五〇～一九六〇年代にかけて、日本の左翼勢力の弱体化を図る目的で自民党に数百万ドルの資金を援助していたと報道した。これは「重大報道」である。日本の政局を左右するためにCIAが暗躍しているということを裏付ける重要な報道であった。一九五〇年代に岸信介が、米国の命を受けて「保守合同」をなしとげ、「五五年体制」をつくったとき、岸に活動資金として十万ドルが渡されたということもこの報道は裏付けている。一九七〇年代田中角栄が、児玉誉士夫らを介してロッキード社から賄賂を受け取ったという「ロッキード事件」によって田中の政治生命が奪われ、田中の政界での影響力が断ち切られた事件にもCIAの大金が動いたといわれ、一九九〇年代の「政界再編」に剛腕小沢一郎が起用されたことにも、その裏でCIAの大金が動き、謀略が企まれたということの裏付けになるものであった。

一九九三年六月、衆議院本会議に野党が宮沢内閣不信任案を提出した。与党自民党内部では小沢一郎が画策して羽田孜らと「政治改革」を旗印に小選挙区制の導入をとなえ、中堅・若手議員らを結集、造反させ不信任案賛成にまわった。実質的な自民党分裂である。宮沢首相は衆議院を解散した。武村正義は自民党を割って「新党さきがけ」を結成し、羽田孜は自民党議員四十四人を脱退させ「新政党」を結成、党首羽田孜、代表幹事小沢一郎となった。同じ月に東京都議選挙があり、前年に細川護熙が旗揚げした「日本新党」が二十議席を獲得し、社会党は十四議席で惨敗した。七月には第四十回総選挙が行われ、自民党内の田中派の流れをくみ、最大派閥であった経世会から小沢・羽田らが分離し、自民党を割って出たこともあって自民党は過半数割れし、社会党も減少して、新政党などが躍進した。自社両党主導の「五五年体制」が崩壊したのである。宮沢首相は、党分裂、総選挙結果の責任をとって退陣した。

一九九三年の総選挙で自民党が過半数割れし、政局が混沌としてきたとき小沢一郎は、新政権樹立のため、非自民八党派の連立内閣を成立させようとして奔走した。連立政権樹立の見通しがたつと小沢は、連立内閣の首班候補に細川護熙をかつぎ出し、参加党派を説得して一九九三年八月細川内閣を成立させた。細川内閣は自民党批判の世論を背景に、「政治改革」を最大の政策課題とし、その具体策として「小選挙区」制度の導入をはかった。

小選挙区制法案は、一九九三年十一月に衆議院に提案され、与党だけの賛成で衆議院を通過したが、一九九四年一月の参議院の本会議で自民党に加え社会党が反対して否決された。一九九四年一月末、細川首相と自民党総裁河野洋平が会談し、自民党は小選挙区制に賛成することとなり、一九九四年三月の国会で「政治改革関連四法案」として可決、成立した。

細川内閣は、細川首相が佐川急便グループから一億円借金をしていたという問題で追及され、予算委員会が紛糾し空転したことの責任を取って辞任し、総辞職した。小沢はただちに新生党党首羽田孜を首班に新政権を成立させた。社会党はこの連立には加わらなかった。羽田内閣は、三十七カ月という戦後最長の不況に対処することができず、中国、北朝鮮をめぐる情勢の激動に何の見解も示せず、対応策もなく、わずか二カ月で総辞職した。

自民党総裁河野洋平は、社会党に働きかけ、自社党首会談を行い、村山首相案を支持すると表明し、自民、社会、さきがけの連立政権を樹立することで合意した。一九九四年六月末、村山富市内閣が成立し、副総理・外相河野洋平、蔵相武村正義、通産相橋本龍太郎、官房長官五十嵐広三となり、自民党は再び与党となったのである。村山首相は、一九九四年七月米大統領と会談し、従来の社会党の主張であった日米安保条約反対を覆し、堅持を表明した。同月衆議院本会議の答弁で自衛隊は合憲であると表明、日米安保体制の堅持も確認した。また閣外では村山内閣を支持していた日教組が「教え子を再び戦場に送るな」という旗印がありながら「日の丸」「君が代」問題を棚上げにするという路線転換を行い村山首相の右傾化と呼応した。

村山内閣は低迷を続ける不景気の対策として、総事業費十四兆二千億円という過去最大の予算を組んだが、景気回復の兆しさえ見えなかった。東京為替市場では一ドル＝七十九・七五円という戦後最高の円高になり日本経済の危機をいっそう深くした。一九九五年一月には阪神淡路大震災が起こり、同年三月に地下鉄サリン事件が起こって、経済・政治の重大局面に直面した村山内閣は、何ら有効な政策を打ち出せぬまま、一九九六年一月総辞職した。

社会党はこうした村山党首の変節と支持労組の右傾化、それに米国（ＣＩＡ）に操られた手先らの社会党消滅策謀などによる手痛い打撃を受け「見る影も無く」落ちぶれていった。

社会党を支持し援助していた労働組合の主力は総評であった。総評は、一九八〇年当時組合員四百五十万人を擁する全国組織であり、その中心勢力は官公労であり、牽引車となっていたのは国労であった。政府・資本家は日常的に労組に対し敵視政策をとっていたが、一九六〇年安保闘争の経緯を検討し、労組の弱体化を図る必要があるとして対策をたてた。米国もまた日本の労働運動の動きに重大な関心をもっていた。米日政府・資本家は、組織労働者の団結したたたかいを崩すため、総評の中核となっている官公労に焦点をあて、公務員の団結権を制限し、政治活動を禁止する法案を成立させ、公務員を彼らの支配の道具にしようとした。国労に対しては、国鉄民営化に乗じて「新会社」を設立するという「偽装倒産」の手口を使い、国労の組合員をバラバラに切り離して「採用」「不採用」を行い、国労の解体を図った。民間労働者には「企業あっての労働者」という思想攻撃を仕掛け、労組幹部をカネと権力で威嚇、懐柔し、労働貴族の育成に努めた。

こうして一九八〇年代、労働界では「労働戦線統一」論が言われるようになり、労働組合の右傾化再編成が始まった。一九八七年、民間労組の連合体として全日本民間労組連合会が組合員五百三十九万人を擁して発足し、一九八九年までに総評を加えて七十八単産八百万人の全国統一組織となり、日本労働組合総連合（連合）として出発した。連合は資本に育成された労働貴族を幹部とした組織であり、資本にとって妨げとなる社会党を支持しなくなり社会党は足場を失ったのである。ＣＩＡとその手先の謀略は効を奏したと言えるだろう。かくして村山内閣は、一九九六年一月、自民党橋本龍太郎に首相の席を譲り総辞職した。

自民党はこのようにして「保守一党体制」に位置づけられ、「五五年体制」は消滅した。その後の自民党一党体制を維持するためには「小選挙区制」は必要不可欠の制度であった。即ち小選挙区は一区一人の議員を選出するのであるから、自民党以外の政党から数多くの立候補者があれば、自民党候補者の票はより少ない得票で第一位になれる。現在の安倍政権を支える自民党は、直前の総選挙で、有権者の約一七％の得票で第一党となり、「一強時代」と言われる政局を作り出している。小選挙区制は民主主義破壊の選挙制度だと言っても過言ではないであろう。

日米軍事同盟の強化

一九九一年、ソ連邦の消滅により、米国は長く続いた「冷戦」による「敵国」を失い、米軍の世界戦略は大きく変換せざるを得なくなり、米国の基幹産業とも言うべき軍需産業は大打撃を受けた。その前年八月、イラクはクウェートとの国境侵犯を口実にクウェートに侵攻した。ブッシュ政権はただちにイラク制裁を決議し、海部首相にイラク制裁への同調を要請した。政府は石油の輸入禁止、経済協力凍結などの制裁を決定し、中東支援策を発表して、民間航空機による食料・衣料品等の輸送を行い、紛争周辺国への経済援助などを行った。また、十億ドルの多国籍軍（主体は米軍）支援を行うと発表した。一九九〇年九月には追加支援十億ドルを決定。紛争周辺国エジプト、トルコ、ヨルダンに二十億ドルの経済援助を行った。米国の言いなりで憲法違反が疑われる政策である。

一九九一年一月、米国は英・仏・サウジアラビアなどを加えて「多国籍軍」（約七十万人、内米軍が五十四万人）とし、イラクに対して「砂漠の嵐作戦」と称して徹底的な空爆を強行展開した。二月に入ると「砂漠の剣作戦」としてサウジアラビア東北部からイラク南部へ大規模地上攻撃を開始し、二月末までにイラク軍の大半を制圧した。二月二十八日、ブッシュ米大統領は勝利を宣言し停戦となった。米国の中東石油権益獲得の為の本格的な中東侵略戦争が開始されたのである。

戦後処理にあたって米国は日本政府に対し、カネだけではなく自衛隊も派遣すべきだと要請した。海部内閣は一九九四年四月、閣議を開きペルシャ湾の機雷除去のため、自衛隊の掃海艇を派遣することを決定した。初の自衛隊海外派遣であり、米国の海外侵略の手先となって自衛隊を海外に派遣する道を開いた。

ちょうどその頃一九九一年八月に、宇宙開発事業団が放送衛星ゆり三号を打ち上げ、日本の放送事業の画期となるともてはやされた。米国では、政府財政が危機となり、宇宙戦略計画（スターウォーズ計画）がままならず、それを日本に肩代わりさせようとした。日本の資金で宇宙開発のための衛星を打ち上げ、その技術と研究成果をそっくり、米国の宇宙戦略に生かそうとするものであった。一九九二年九月には、日本人初の宇宙飛行士毛利衛が、米スペースシャトル「エンデバー」に搭乗し、人的にも米国のスター・ウォーズに協力するようになった。

一九九二年六月、政府は米国の要請に従って「国際連合平和維持活動等に関する法律」（ＰＫＯ協力法）を強引に成立させた。これは明らかに憲法第九条に違反するものである。しかし政府は、同年九月この法律にもとづき、自衛隊ＰＫＯ派遣部隊をカンボジアへ送り出した。すると一九九三年五月、自衛隊と共に派遣されていた警察官高田晴行警部補が襲撃され死亡、他に二人が重傷を負った。ＰＫＯ派遣に反対する世論がわき上がり、国会でもＰＫＯ派遣法に反対し、派遣自衛隊を直ちに撤退させよという議論が起こった。時を同じくして、国連のカンボジア選挙監視員中田厚仁（民間ボランティア）が乗車していた車が襲撃され死亡した。

こうした中、一九九四年七月日米首脳会談が開かれ、村山首相は過去の外交政策を継承すると言明し、日米安保条約の堅持を約束して米国に従属する立場を明らかにした。同月の閣議で、米国の言う「北朝鮮の脅威」を受けて、日本の「防衛」を強化する防衛白書を承認。七月二十日の衆議院本会議の答弁で村山首相は自衛隊は合憲であると認め、「日の丸」「君が代」を国旗、国歌とすることを尊重すると述べた。一九九四年十一月には、在外邦人の救出のために自衛隊機を使用するという自衛隊法改訂を公布し、海外派兵の地ならしをしたのである。一九九六年四月、橋本首相がクリントン米大統領と会談し、冷戦後の日米安保体制がアジア太平洋地域の平和と安定の要石《かなめいし》となるとして、日米安保の広域化をはかり、日米防衛（軍事）協力のあり方について共同研究をすすめることに合意した。

このようにして日米軍事同盟は米国主導で強化され、日米安保条約をテコに、自衛隊の増強、米軍事戦略への編入、戦争準備へとエスカレートしていった。一九九七年九月、ニューヨークで日米安全保障協議委員会が開催され、日米防衛新指針（新ガイドライン）が決定された。これは日米防衛（軍事）協力が日本有事以外に新たに日本の周辺地域での「事態」にも適用されるとして、自衛隊の米軍支援や民間空港や港湾施設の米軍使用、物資の相互提供、在外邦人救出のための艦船派遣などが「周辺事態」ということで可能となったのである。一九九八年四月には、これを受けて新日米防衛指針にともなう周辺事態法案など三関連法案を閣議で決定し、野党や院外からの強い反対の攻撃にさらされた。引き続いて一九九九年五月、周辺事態に自衛隊による米軍への後方支援、救助活動、諸施設の提供が可能になる周辺事態法と改正自衛隊法及び日米物品役務相互提供協定改訂のガイドライン関連三法が国会に提出され、院内外の強い反対を押し切って強行採決された。日米安保体制が新たな段階に入り、米国に従属する日米軍事同盟がいっそう強化されたのである。

二〇〇〇〜二〇一〇

リーマンショック

失われた十年、二十年
バブル崩壊――倒産・合併相次ぐ
「リーマンショック」――世界経済大恐慌
米の中東侵略戦争――自衛隊海外派遣
米朝戦争状態終結へ

失われた十年、二十年

バブル崩壊という経済危機と日米軍事同盟の強化という戦争準備を背景に二〇〇〇年代へと入っていく。一九九〇年代、バブル経済の進行のもとで東京の地価は異常に高騰し、株価も急速に値上がりした。政府・日銀は、これが社会全体を巻きこむバブルだとは認識せず、何らの有効な対策もとらず、ただ公定歩合の引き下げのみでその対策とした。ところが、バブルが制御できないほど拡大してきた一九九〇年末、ようやく公定歩合を上げに転じたが、時すでにおそくバブル経済の対策にはならなかった。

日本経済は、円高による国内製造業が大打撃を受けているにも関わらず、金利引き下げによる大量の資金が出回っており、資金は製造業への投資にはならず、不動産や株への投資となっていた。しかも米国からの貿易赤字縮小の圧力により、輸出産業は成りたたなくなっていた。その対策として産業構造の転換をはかり、内需を拡大する必要があり、アジア諸国との関係を重視して日本の産業体制を組みかえる必要もあった。しかし政府・日銀は、ただ利下げによる経済の安定をはかるという無策にもひとしい経済政策をとっていた。その上大蔵省は土地などへの融資を規制する「不動産融資総量規制」を打ち出した。この政策は、土地投機の抑制どころか銀行の不動産融資にブレーキをかけ、銀行や証券会社の破綻のきっかけとなり、バブル崩壊の要因となった。北海道拓殖銀行が破綻し、山一証券も廃業となって、次々と銀行・証券が倒産していき、バブル経済の崩壊となったのである。

産業界では、電器（機）業界が日米半導体摩擦に端を発した圧力に屈して、IT産業を基軸とした構造転換をなし得ず、米国や「韓国」などの電子産業に追い抜き、追い越されて日本電子産業は凋落したのである。自動車業界では、米国の輸入制限によって立ち行きが危くなり、日産に見られるような赤字経営に陥り、外資の導入や経営者の交替でいっそう破綻を早め、労働者・市民を犠牲にし、大「合理化」を強行してようやく生き残るといった状態に追い込まれた。こうして産業界もバブル崩壊と運命を共にして二〇〇〇年代へと入っていく。この時期を「失われた十年・二十年」と言う。

バブル崩壊――倒産・合併相次ぐ

一九九〇年代後半からのバブル崩壊による銀行、証券、企業の破綻やその危機から逃れようとする吸収・合併は、二〇〇〇年代にも尾を引いていった。また悪質な商取引きも横行した。

二〇〇〇年一月、商工ローン「日栄」が悪質取り立てを行い、業務停止命令を受けた。同年二月、日本債権信用銀行がソフトバンクＪＶに譲渡され、あおぞら銀行となった。同年六月、雪印乳業は、自社製乳製品によって集団食中毒事件を起こし一万人を超える食中毒患者を出し、社長が辞任した。同月、三和、東洋、東海信託が合同し、同じ月にそごうグループが倒産した。二〇〇〇年十月、大蔵省は債務超過が七百七十六兆円にのぼると発表した。国債依存度は三四・三％で、残高は六百六十六兆円となった。これはバブル経済崩壊で税収が落ち込み、建設国債増発を迫られて上昇したもので、以降も上昇を続け、赤字国債依存体質からの脱却は容易ではなかった。二〇〇一年十一月、米国の格付会社は、日本国債をＧ７最低だと格付けした。二〇〇二年五月現在、大手銀行の不良債権残高は、過去最高の二十六・八兆円にのぼり、危機的状態に陥った。引き続いて二〇〇三年七月には、足利銀行が一時国有化され、二〇〇四年八月、三菱銀行とＵＦＪ（三和、東海）が合併した。また二〇〇二年一月には、雪印と日本ハムはそれぞれ輸入牛肉を国産と偽装するという事件を起こした。他方トヨタは二〇〇二年五月利益一兆円を計上するという〝ひとり勝ち〟をしていた。

この間政府は、バブル崩壊によって破綻寸前に追い込まれた企業のうち、再生可能な不振企業の債券を買い取り、再生を支援するために「産業再生機構」を設立し、初代社長には斎藤惇元野村証券副社長を起用した。二〇〇四年十一月、政府与党は地方財政の「三位一体」改革と称して、補助金の縮減、地方へ税源移譲、地方交付税の見直しを行い、中央財政の赤字を地方に転嫁しようとした。また小泉内閣は米国からの圧力に屈して、金融、保険、流通界への米国資本侵出へ道を開く「郵政民営化」基本方針を閣議で決定し、また医療面では医療の民営化がすすめられ、介護を医療から切り離す介護保険制度が二〇〇〇年四月に発足した。

通信では携帯電話の普及がすすみ、二〇〇〇年四月には五千万を上回るようになり、固定電話より多くなった。二〇〇三年十二月には、テレビの地上デジタル放送が始まった。二〇〇四年一月、青色ダイオード発明社員に、二百億円支払えという判決が出た。しかしこれらは産業構造転換、ＩＴ企業への発展とはならなかった。

プロ野球界では、一部の球団の利益のために、現リーグを解散して新リーグ設立の画策が起こり、プロ野球選手の労組はこれに反対して、二〇〇四年九月プロ野球界初のストが行われた。

二〇〇四年八月には、関西電力美浜原発で事故が発生し、作業員五人が死亡するという重大事件が起こった。それより前二〇〇〇年七月、三宅島で大噴火が発生し、九月全島民が離島するという大災難が起こった。

日本の海外貿易は、日米貿易額が最高であったが二〇〇五年一月には、日中貿易額がそれを上回るようになった。

日本経済は、米国依存体質のもとでバブル崩壊による大打撃を受けながら、政府・日銀は無為無策とも言える「無制限金融緩和」で対処しようとしたことで衰退の道を辿っていった。その一九九〇年代を「失われた十年」と言い、或いは二〇〇〇年代の十年を加えて「失われた二十年」とも言われている。

「リーマンショック」——世界経済大恐慌

日本経済の牽引車と言われ産業界の「一強」と言われてきたトヨタが、二〇〇八年二月に販売高世界一を記録しながら、二〇〇九年四月には赤字経営に転落した。なぜそうなったのか。

一九九〇年前後、米国を先頭とした資本主義国（帝国主義国）は、ソ連、東欧、中国など社会主義国を崩壊させようとして陰謀・策略をたくらみ、ソ連の消滅、中国の変質には成功したかに見えた。しかしそうした国々が米国など経済危機に陥った資本主義国の危機脱出のための新市場とはならなかった。

米国は、基幹産業である軍需産業の危機脱出策として、アフガン侵攻、湾岸戦争、イラク戦争を、軍需産業の過剰生産の捌《は》け口《ぐち》として利用したがそれは一時凌《しの》ぎに過ぎず、かえって政府財政の逼迫《ひっぱく》を招いた。

そうしたとき、米政府と資本家は結託して、木材・鉄・セメントなどを基礎資材とし、電気・水道・ガス・通信などの施設・設備を必要とする住宅建設・販売を新市場として開拓する政策をうちたてた。彼らは住宅政策を推し進めるために、「サブプライムローン」に重点を置いた。それは低所得者層（人口としては大多数を占めている）をターゲットにするものであった。

政府は、住宅取得を容易にするため、住宅ローンの利子控除・政府が住宅ローンの保証・連邦住宅貸付銀行で援助・金融機関を奨励して低所得者のローンを容易にすることで住宅需要を増加させようとした。こうした住宅政策を具体化する業者は、低所得者層を対象に販売競争に乗り出し、販売員は、住宅ローンを一〇〇％活用し、最初は低金利に見せかけ、途中で金利が高くなるペテン・ローンも言葉巧みに利用しながら販売拡大を競った。確かに住宅販売は順調にのびた。それはまた住宅価格を上昇させた。

金融機関がこの市場に乗り込み、サブプライム住宅ローン（低所得者向け住宅ローン）を証券化し、商品として流通させた。これはたちまち世界を駆け巡った。しかし、その基盤となっているサブプライム・ローンは低所得者層を対象としていて脆弱なものであり、住宅販売が頭打ちとなり、無理なローンを組んだ低所得者の中から、ローン金利の上昇する時点で返済不能になる者が続出した。住宅価格は下落し、住宅産業、関連企業、自動車産業までも過剰生産となった。

「住宅バブル」の破綻である。その影響は全世界に及んだ。

二〇〇八年九月、米国の大手投資銀行、リーマン・ブラザーズが破産申告をし、全米第三位のメリル・リンチが大手のバンク・オブ・アメリカに買収され、第一位のゴールドマン・サックスと第二位のモルガン・スタンレーは、持株会社に転換した。全米の五大銀行は、破綻、合併、銀行持株会社となり姿を消した。

金融危機はヨーロッパにも及んだ。大手金融機関の危機が相次ぎ、二〇〇八年九月には、ベルギー、オランダ、ルクセンブルグの政府が、経営危機に陥った金融機関の国有化をはかった。ドイツでも政府が金融機関の救済に乗り出した。

日本も例外ではなかった。バブル崩壊によって長びく不況の中で経済不安がつのっているところに、米国を震源にした世界大恐慌の嵐が吹き寄せたのである。たちまち日本経済は大混乱に陥り、生産は破滅的打撃を受け、すべての産業で企業の業績が悪化し、「戦後最大の危機」を迎えた。

二〇〇八年十月～十二月期のＧＤＰ（実質国内総生産）は、年率換算で前期比一二・七％減となり、「オイル・ショック」以来の二桁マイナスとなった。トヨタは二〇〇八年に二十五兆円の売上高を示していたが、二〇〇九年には二十兆円に減らし、はじめて赤字経営となった。ソニーは生産拠点を国内で五〜六カ所閉鎖し、電機事業を三割削減した。パナソニックは設備投資額を二割削減した。東芝は生産設備増強を凍結した。キヤノンは設備投資を三百億円削減した。日立は設備投資を三百億円以上削減した。西田東芝社長は「今までに経験したことがない」深刻な世界経済大恐慌だと認めた。

資本家は、このような危機に直面して、血も涙もない「合理化」・首切りを強行し、労働者を犠牲にしてこの危機を切り抜けようとした。二〇〇八年十二月トヨタは三千人の人員整理を発表し、日産は千五百人、三菱は千百人、マツダ千三百人、スズキ九百六十人、ダイハツ五百人超、キヤノン六百人、富士通四百人、日本IBM千人、日興コーディアル証券四十歳以上すべてなど大手のほとんどの企業が人員整理を発表し、首切りの規模は拡大した。企業はまず期間・派遣労働者を切り、正社員も容赦なく切り捨てた。

これから日本経済は長い「茨《いばら》の道」を歩み、資本主義の危機へと陥っていく。

米の中東侵略戦争——自衛隊海外派遣

二〇〇一年九月十一日、米国で四機の旅客機がハイジャックされ、二機はニューヨークの世界貿易センタービルへ激突し、二棟とも崩壊。一機はワシントンの国防総省（ペンタゴン）へ突入・破壊し、一機はピッツバーグ近郊へ墜落するという「九・一一同時多発テロ」が起こった。

ブッシュ大統領は、即座に国家安全保障会議を召集した。会議には正・副大統領、国務長官（外相）、国防長官、CIA長官、統合参謀本部議長が出席、事務局長には国家安全保障担当特別補佐官が任命され、立案、提言をした。会議では、大統領にテロへの報復措置権限を与えるよう上下両院に要請、上下両院はただちにその権限を承認した。大統領には戒厳令の執行権にも相当する強力な権限が与えられ、国内法を改悪して人民弾圧、人種差別体制を強化し「愛国主義」を強調した。米国の中東侵略と警察国家、暗黒政治の始まりであった。

九月十五日には、ブッシュ米大統領が同時多発テロの主犯をオサマ・ビンラディンと断定し、早くも十月七日には米国はビンラディンらのイスラム原理主義組織アルカイダとタリバンが拠点としているアフガニスタンに対する軍事行動を開始して、激しい空爆を行った。他国の主権を無視した不法行為であり、国際的な非難を受けた。ところが小泉政権は、米軍の反テロ行動の支援を決定し、自衛隊の米軍支援や自衛艦派遣（医療、輸送、補給、情報収集など）をすすめた。その為に十月、自衛隊の米軍後方支援を可能にする「テロ対策特別措置法案」などテロ三法を参議院に提出し、強行採決した。この暴挙に対し、全国から反対の声と行動がわき起こり、それは次第に高揚していった。

二〇〇二年一月、東京においてアフガニスタン復興支援会議が開催され、小泉政府はすすんで四十五億ドルの援助を申し出た。

ブッシュ米大統領は「敵は本能寺にあり」とばかりに、侵略戦争の意図をむき出しにして二〇〇二年一月、北朝鮮、イラク、イランを名指しに「悪の枢軸」と一般教書で非難した。それに呼応して日本政府は、同年四月、武力攻撃事態法案など有事法制関連三法案を国会に提出することを決め、ブッシュ政権に忠誠を示した。

ブッシュ政権は、アフガン侵攻から湾岸戦争の過程で、イラクに対して経済制裁と外交圧力によって、フセイン政権を国際的に封じこめてきた。二〇〇一年九月の米国同時テロ以降イラクが大量破壊兵器（核兵器など）を保有していて危険であると国際的な宣伝をくり返しており、それを理由にフセイン政権を転覆しようとして、軍事行動への動きを強めていた。二〇〇二年一月、ブッシュ米大統領は、フセイン政権が大量破壊兵器（ＷＭＤ）を保有していながら国際連合の査察に非協力だと非難した。同年末に行われた国連による再審査では明確な結果は出せなかった。それでも米国は英国を味方につけて軍事行動を訴え、国連の安全保障理事会でそれに反対する独国、仏国、露国と対立した。しかし二〇〇三年三月、米英軍は国連での合意のないままイラク侵略戦争を開始した。

イラク戦争は、二〇〇三年四月に米軍が首都バグダードを陥落させ、フセインを逮捕・処刑することで事実上終結した。しかしその後イラクでは大量破壊兵器は発見できず、イラク侵略戦争の大義名分は成立しないことが確認され、全世界世論の強い糾弾の声が米国に注がれた。その後も米軍はイラクに駐留を続け、イラクは内紛・内乱で、今日なお内戦状態が続いている。

米国のイラク侵略戦争に対して日本政府は、ブッシュ政権の要請に唯々諾々と応えて、二〇〇四年一月陸上自衛隊をイラクのサマワに派遣した。国内ではイラク戦争反対の声と行動が起こり、全国各地で「イラク戦争反対」「自衛隊撤退」を求める集会・デモが繰り広げられた。戦争反対のビラ配りも各所で行われた。当局はこれの弾圧に乗り出し、二〇〇四年二月立川自衛隊官舎にイラク派兵反対のビラを配布したということで、警察官が配布した人を逮捕するといった言論弾圧の暴挙が行われた。

二〇〇四年七月、米国務副長官アーミテージが、「憲法九条は日米同盟の妨げ」だと発言した。このことは、米国の要請に従って自衛隊を増強し、海外派遣の実績を作り、自衛隊を「戦争のできる国」の軍隊として育成し、米軍に編入して、米国の世界戦略の一翼を担わせようとするものであり、日本国憲法を変え、自衛隊に侵略軍としての性格を持たせることが、米国の対日政策の重要な一環であることを明らかにしたものである。

二〇〇四年十二月、小泉政権は直ちにこれに応えて、防衛大綱と次期中期防衛力整備計画を決定した。自衛隊海外派遣が本来任務となったのである。そのために本隊となる米軍基地の増強、新設が急務であるとして、岩国基地を極東最大の基地に増強すること、辺野古に強大な新基地を建設することが急がれた。岩国基地拡張強化反対、辺野古新基地建設反対の闘争が今日なお、根強くたたかわれているのは当然であろう。今日日本の「防衛」と米軍・自衛隊の問題が鋭い政治的・階級的対立として顕在化しており、安倍政府が完全に米国に従属していることを暴露してたたかう人民の大波は次第に成長しつつあり、怒濤となって反動派を飲みこむであろうときは近い。

米朝戦争状態終結へ

二〇〇〇年代に入り、朝鮮半島をめぐる情勢は大きく変化した。先に米国が、北朝鮮、イラン、イラクを名指しで「悪の枢軸」とよび非難したが、その一つ北朝鮮に対して米国が威圧を加え、朝鮮半島に鋭い対立と戦争の危機が生じた。また北朝鮮と日本の間で拉致問題が表面化し、具体的な行動となってあらわれた。こうした動きの一方では、朝鮮半島南北間で「朝鮮半島平和統一」の政治的な動きが活発化した。

二〇〇〇年六月、金大中「韓国」大統領が北朝鮮（朝鮮民主主義人民共和国）を訪問し、金正

日労働党書記と首脳会談を行った。両首脳は朝鮮半島南北平和統一問題の自主解決について合意し、「南北共同宣言」に署名した。これは南北に分割された朝鮮半島全人民に歓迎され、また全世界に存在する朝鮮半島出身者を激励し、日本を含むアジア諸国・人民もこれを支持した。

米国は常々朝鮮半島統一については警戒を怠らずにいた。早速米国務長官オルブライトが、米国の現役閣僚としては初訪朝し、金正日書記と会談を行った。その後米国は「九・一一同時多発テロ」事件を受け、二〇〇二年一月北朝鮮、イラン、イラクを「悪の枢軸」と名指しで非難し、露骨な北朝鮮への挑発政策を取った。

米国の北朝鮮敵視政策は、朝鮮戦争後から引き続きエスカレートしており、一九七〇年代には南朝鮮（「韓国」）に核兵器を配備していることを明らかにし、北朝鮮に威圧を加えた。北朝鮮はこの脅しに屈することなく、かえって核武装と大陸間弾道弾の完成を急ぎ、それを背景に米国と話し合い、朝鮮戦争休戦協定に基づく「半島からの米軍の撤退」「米朝平和条約」の実施・締結を達成しようとした。

米朝間の戦闘状態を終わらせ、平和条約締結までの道を開こうとして、金日成と次の世代の金正日は努力したが、米国は一向に応じようとはしなかった。

二〇〇三年一月、北朝鮮は「核不拡散条約」を脱退すると宣言し、核開発を本格化して米国に交渉の席につくよう促した。米国はその対策を講じるとして、中国、露国、日本、「韓国」を加えて「六カ国協議」を開催することを提起し、二〇〇三年八月、初の六カ国協議が開催され、北朝鮮の核問題などをめぐって協議が行われた。会議では北朝鮮の核開発については討議がすすんだが、核心となる米朝の直接会談への糸口、朝鮮半島における米朝の戦闘状態の終結については討議されなかった。

ちょうどこの頃、日本では朝鮮人民の南北統一の動きに呼応して、日朝国交正常化を求める気運が高まっていた。またそれと裏腹に「日本人少女拉致――日本語教育係に」ということがマスコミから流され、「拉致問題」が浮かび上がっていた。そこで日朝間で赤十字会談が行われ、二〇〇二年七月には日朝外相会談が開催されるなど、日朝国交正常化を求める声に応える政府間交渉が始まった。

こうして二〇〇二年九月、小泉首相が訪朝し金正日国防委員会委員長と日朝首脳会談を行った。会談では、金委員長が拉致問題について公式に謝罪し、小泉首相も「日本は数百万人を強制連行し、二十万人近くの女性を従軍慰安婦にした」ことを認め、植民地支配について謝罪した。首脳会談はこれからも日朝会談、国交正常化交渉をすすめ、過去を清算して国交正常化を実現する、という内容の「平壌宣言」を発表した。この平壌宣言は、広範な日本人民に支持され、南北朝鮮人民や広くアジア諸国人民から歓迎された。

ところが米国ブッシュ政権は、小泉訪朝に反対し、平壌宣言をなきものにしようとして、財界・政治家に圧力を加え、マスコミを動員して大々的な反北朝鮮、反日朝会談キャンペーンを繰り広げた。そうした圧力にも関わらず、国内世論は、日朝国交正常化の実現を期待し、拉致被害者の帰国を望んで高まった。そうした世論に背を押されて小泉首相は、二〇〇四年五月、二度目の訪朝を行い、拉致被害者五人の帰国を果した。

しかしその後、小泉首相と首相に同行した安倍官房副長官は、「北朝鮮の脅威」を叫び「武力行使も辞さない」とする米国の圧力に屈して拉致問題解決のために動こうとしなくなった。安倍は政権の座につくや〝「拉致問題」解決は我が政権の最優先課題である〟と宣伝しながら選挙の票集めに拉致被害者家族の会を利用し続けている。安倍政府はこの間、北朝鮮との交渉窓口さえ開こうとはせず、北朝鮮政府に対して直接拉致問題について問題提起は一切していない。これ程長期にわたって政治的裏切り行為を行ってきた政権は他に類がない。二〇一九年七月の参議院議員選挙に元拉致被害者家族連絡会事務局長の蓮池透が野党から立候補し、「腐り切っている安倍晋三」と発言していたのは、もっともである。

日朝間ではこのような問題があり、米朝間では朝鮮戦争休戦協定の定めに従って、米朝間の戦争状態を終わらせ、平和条約を締結するという問題は、北朝鮮からの度重なる働きかけにも関わらず、米国は一向に問題解決に取り組む姿勢を見せないで、むしろ北朝鮮を威圧し、「同盟国」などを唆《そその》かして北朝鮮包囲網の強化をはかってきた。

北朝鮮はそうした米国に対し、北朝鮮が対等な立場で交渉できるのは、米国と同じ核保有国となり、核抑止力を持つことで可能になるとして、核開発と大陸間弾道弾の完成を急いだ。

二〇〇五年二月、北朝鮮は核兵器保有を宣言し、米国にその意図を発信した。続いて二〇〇六年七月ミサイル発射実験を行い、日本海へ着水した。同年十月には、地下核実験に成功し、強力な核兵器の保有をアピールした。その後二〇〇九年四月、戦略ミサイル発射実験では、ミサイルが日本上空を通過して、太平洋上に着水した。

このようにして北朝鮮は、米国と同じ核兵器保有国として対等な立場で交渉のできる条件をととのえた。二〇一一年十二月、金正日死去にともない後継者となった金正恩は、核保有と戦略ミサイル実験成功を背景に、トランプ政権に対し、米朝間の戦争状態の終結と平和条約への道筋及び朝鮮半島の非核化を議題に、米朝首脳会談の開催をよびかけ、二〇一八年六月十二日、歴史的な米朝首脳会談が開催されることになったのである。

二〇〇〇〜

「失われた三十年」は何をもたらしたか

米軍基地・戦争反対闘争の発展

——辺野古新基地反対闘争先頭に——

米国の対日政策に忠実な官僚

階級社会・少子高齢化

消滅可能市町村

二大震災　原発大事故

経済土台崩壊——政治危機

資本家階級の没落と労働者階級の台頭

「失われた三十年」は何をもたらしたか

一九九〇年代に入り、過剰生産による「物余《ものあま》り」は生産を停滞させ、新たな資本投下はできなくなって、出回る資金は株・債券や投機に流れ、バブル経済へと導かれていった。しかしそれを「バブル」とは認識できない政府は、金融緩和政策を続け、バブル経済は次第にふくれ上がっていき「失われた十年」となった。

二〇〇〇年代になると、バブル経済は明らかに崩壊のきざしを見せはじめていたが、政府は金融操作以外何の策もほどこすことなく、金融政策はむしろバブル経済の崩壊に拍車をかけることになり「失われた二十年」といわれるようになってバブル破裂へと落ちこんだ。

そこへ二〇〇八年の「リーマンショック」である。バブル経済は崩壊し、経済危機をよびこみ、それは資本主義経済の危機への転落を意味していた。「失われた十年、二十年」と重なり「失われた三十年」となったのである。

安倍政府は、こうした経済危機に対処するとして「アベノミクス」という政策をうちだした。その第一の柱は「異次元金融緩和」であった。日銀は金利を引き下げ、ゼロ金利までも想定して大量の資金を流出させた。しかしそれは過剰生産恐慌のなかで新たな資本投下とはならず、土地、建物などの不動産市場に流れこみ、大都市を中心に地価の高騰をまねき「不動産バブル」となって経済危機をいっそう深めた。

第二の柱として「財政出動—公共投資」を行うといい、大規模予算を組み、道路など社会基盤（インフラ）整備やダム建設の再開を始め、東日本大震災・福島原発大事故の復旧、復興に力を入れるといいながら、東京オリンピックの競技場新設や交通網の整備にゼネコンを動員した。道路の整備や新建築物の工事は急ピッチに進み、五輪余得にあずかろうとしてホテルやマンションの建設に業者が群がった。大震災からの復旧、復興は置き去りになり、ゼネコンと関連事業者だけが潤い、経済危機から逃れるどころか、国の借金は大きくふくらみ、財政危機をよりいっそう深刻にさせている。

第三の柱では「働き方改革—規制緩和」を具体化した。「八時間労働」という万国の労働者共通の拘束労働時間を破って超過勤務（残業）を平常化する法の改悪が行われた。労働者を過労死ぎりぎり迄働かせてもよいというのである。自殺や過労死の報道が多くなっている。労働者派遣法が改悪され、非正規労働者の数が全労働者数の半分に迫ろうとしており、次第に増加している。女性に働く場を提供するといいながら、女性の多くは非正規労働者にされており、加えて外国人労働者を「研修・実習生」として移入させ日本人労働者の賃金の半分か三分の一くらいで過酷労働を強いている。資本家にとっては、低賃金で労働者を長時間働かせ、景気の安全弁としていつでも労働者を解雇できるというまるで「天国」の世界であり、労働者にとっては「地獄」であるが地獄からはい上がる力こそ労働者の「底力」なのである。

アベノミクスはこのように進行し、その破綻は誰の目にも明らかで、今では、政府も資本家も誰も「アベノミクス」を口にする者はいない。

安倍政府は、中曽根、小泉内閣の手ですすめられた「民営化」を引き継ぎ、住民の日々の生活や健康、生命に関する自治体・政府の業務を営利を目的とした「民営」に次々と移している。人の生命や生活を儲けの種にしようとする世界は「欲」のみの世界であって、人間の世界ではなく「畜生道」の世界である。許し難い。

「アベノミクス」はバブル崩壊、経済危機の対策として打ち出された。本来は、産業構造の転換をはかり、内需の拡大に策を講ずるべきであったが政府は目先の対策に追われ、目を世界に開くことができなかった。気がついてみたら、米国、中国、「韓国」のＩＴ産業、ＡＩと結んだ次世代のＩＴ産業が産業界の大勢を占めており、日本はＩＴ産業の市場としてＧａｆＡ（グーグル、アマゾン、フェイスブック、アップル）、ハーウェイや「韓国」企業に席巻されていたのである。日本はＩＴ産業の「後進国」として取り残されようとしている。

過剰生産恐慌から経済大恐慌へと進むのは必然であり、経済大恐慌に襲われた資本主義社会では、資本家―政治家はグルになって経済恐慌から脱出する道を戦争に求めるのである。第一次世界大戦、第二次世界大戦その他の侵略戦争がそのことを物語っている。また、過剰生産恐慌を打開するために、海外に市場を求める資本家は、他国に進出し武力を背景に他国を侵略する戦争に突入する。

この例にもれず安倍政府と独占資本は、米国の対中国、ロシアへの戦争策動に応じて、米国の手先となり、戦争への道を進み、戦争準備に狂奔している。

沖縄・辺野古では、強大な米軍新基地を建設するとして、県知事選挙、県民投票によって、民意は圧倒的に建設反対を示しているにも関わらず、政府は海面の埋立を強行している。秋田、山口では、アジアから米国本土を襲撃する長距離ミサイルを途中で迎撃して米国を守るために、「日本を守るため」と大ウソを言ってイージス・アショアを強行設置しようとしている。佐賀の民間空港をオスプレイの基地にして、大陸侵略のための海兵隊前線の基地にしようとして、政府は山口佐賀県知事に百億円の地域振興予算を与えて、空港の米軍基地化を強行しようとしている。千葉・木更津では、自衛隊基地に「一時的避難」だとウソを言ってオスプレイの駐機を認めさせておいて、突然米軍基地に転用すると県・市に要請している。そして極東最大の米軍基地といわれる岩国基地の増強をすすめ、自衛隊を「海兵隊」に編成替えして「侵略軍」の尖兵に仕立てようとしている。

自衛隊装備もすべてを敵地攻撃用に更新しつつある。敵地攻撃専用である「空母」として〝いずも〟〝かが〟が建造されており、空母艦載機の戦闘爆撃機F35が新たに配備されつつある。秋田、山口に配備しようとしているイージス・アショアは操作を変えれば長距離核ミサイル発射装置として使える。また最近中距離核戦力（ＩＮＦ）全廃条約を脱退した米国は、中距離ミサイルを日本に配備しようとしており、安倍政府はこれに異を唱えていない。

このようにして安倍政府は、米国のアジア戦略の核心である中国・ロシアへの戦争策動に協力して、着々と戦争準備をすすめているのである。

米軍基地・戦争反対闘争の発展 ――辺野古新基地反対闘争先頭に――

戦争準備に狂奔している安倍政府の対米従属戦争政策に対して、全国各地で米軍基地反対、原発反対、戦争反対のたたかいが発展しており、たたかいの大波、小波が次第に合流して、戦争反対、日米安保反対の怒涛となって安倍政権の土台を押し流そうとしている。その先頭に辺野古基地建設反対闘争が立っている。

一九九五年九月、沖縄で米海兵隊員三人による女子小学生の拉致・暴行事件が発生した。同年十月この事件に抗議して、宜野湾《ぎのわん》市で八万五千人を結集する県民総決起大会が開催され、沖縄本土復帰後最大規模の大集会となった。その根底には、本土復帰から二十年以上を経ても、沖縄には日本全土の米軍基地の七割が集中しており、米軍人の犯罪は次々と起こり、ベトナム戦争やアフガン侵攻など米軍出動の度毎に沖縄は騒然となるなどに対して、県民の不満や怒りは積もり積もって爆発的に噴出したのである。

大田沖縄県知事は政府に日米地位協定の見直しと基地返還への行動計画の策定を要請したが、政府は何らの対応策も示すことができなかった。翌一九九六年橋本政権が誕生してようやく米政府と沖縄にある米軍施設の返還交渉が始まった。交渉は紆余曲折を経て、海兵隊の拠点である普天間基地の返還に焦点をあててすすめられた。一九九六年四月、両政府は普天間基地の全面返還で合意し、付帯事項として、一、沖縄県内の既存基地でのヘリポート建設、二、嘉手納基地への一部機能の移し替え、三、普天間配備の空中給油機の岩国移転、四、岩国基地のハリアー戦闘機の米本土基地への移転について合意した。

ところが米軍は、この合意、付帯事項を無視して、名護市にある海兵隊のキャンプ・シュアブに隣接する辺野古沖に一・三㎞大滑走路二本をもつ空軍基地を建設せよという要求をつきつけてきた。橋本首相は「普天間基地の移設は辺野古しかない」と偽ってこの提案を受け入れた。周辺住民や環境団体から猛烈な反対の声が上がり、一九九七年十二月に新基地建設の是非を問う住民投票が行われ、反対が過半数を占めた。しかし政府の基地移設（建設）方針は変わらなかった。

その後政府は「沖縄振興策」を利用して、「アメとムチ」で県知事を取り込み、辺野古沖に一・六㎞の長さの滑走路二本をもつ本格的な米軍基地の建設に踏み切った。

ところが二〇〇九年民主党政権が成立し、鳩山首相は普天間基地を辺野古に移設するのではなく、国外か「最低でも県外」にすると言明した。米国はただちにこれに反対することを表明し、二〇〇九年五月ゲーツ国防長官を訪日させ日本政府に「県外移設」を思いとどまれと圧力をかけ、ルース駐日大使は、岡田外相と北沢防衛大臣に対し辺野古への基地建設を迫った。しかも外務省、防衛省の官僚達は外交、防衛についてサボタージュという挙に出た。中でも高見沢防衛政策局長は、米国のキャンベル国務次官補に対し「米側が早期に柔軟な態度を見せるべきではない」と伝えるという裏切り行為も行ったのである。鳩山首相の構想は挫折した。

沖縄県民の怒りの炎はむしろ強く燃え、日本全土で基地問題について関心が高まった。しかし政府は、人々の意志を無視して米軍基地の増設、強化をすすめた。二〇一二年第二次安倍内閣が発足すると安倍首相は、「沖縄振興策」をエサに、一方では政治的圧力を強化して、「普天間の危険を除去する」ためには「辺野古移設」しかないというペテンで辺野古へ強大な新基地を建設する事業計画を強行実施しはじめた。

翁長沖縄県知事は、安倍政府の「アメとムチ」による新基地建設強行に屈することなく、沖縄県民の新基地建設反対の世論を背景に、あらゆる手段を講じて安倍政府の強行策と対決した。翁長知事はまた、新基地建設推進の本家本元である米国大統領府へも出かけて新基地建設反対を訴えた。

知事とそのブレーンの一行は、米国において新基地反対を訴えるだけではなく、できうる限りの米欧の経済・政治情報の収集につとめた。沖縄も含む日本では、世界の情報が米国という窓口から入ってくるのが主で、情報社会では日本は「鎖国」状態であった。世界経済はIT（情報）産業が主力になっており、それにAI（人工頭脳）が加わってイノベーション（技術革新）は画期的な産業構造の転換をもたらしていて、それはグローバル化で新興国にも及んでいた。日本経済は、バブル崩壊に無策のまま、遅れた経済土台の建て直しに目をうばわれ、IT産業でははるかにおくれをとっていたということが分かったのである。

沖縄県は、政府の圧力のもとで「沖縄振興」策にふり回されていたことを反省し、県独自の経済振興を企画した。その第一は豊富な歴史遺跡と大自然の観光資源を生かして「観光立県」をはかることであった。間もなく沖縄には年間百万人に近い外国人が沖縄を訪れるようになり、今日では本土からの観光客も増えて年間一千万人の人々が沖縄観光に訪れている。その第二は、沖縄の産業構造をＩＴ産業を基盤とした構造に転換することであった。その原点として技術教育の研究機関を置き、そこを拠点に技術革新をおしすすめることであった。その拠点は、沖縄科学技術大学院大学で、この大学は、沖縄を拠点に、国際的に優れた科学技術に関する教育・研究を行い、沖縄の自主的発展と世界の科学技術の向上に寄与するという雄大な理想を目的として学校法人沖縄科学技術学院大学学園が設立したものである。大学は科学技術の研究科に科学技術専攻を置き、博士課程は五年一貫制である。教員と学生の半数以上が外国人で占められていることにもこの大学の特色があらわれている。ここを拠点に沖縄県は、世界各国の進んだＩＴ企業やＡＩ研究機関と交流し、それを沖縄の産業に生かして、先端技術産業へと転換し、情報産業が発展した。

沖縄は、辺野古新基地建設反対闘争で、政府との関係が悪化した。しかし沖縄はアメの政策に惑わされることなく、独自の振興策で沖縄経済を維持発展させた。日本政府は襲いくるバブルとバブル崩壊になすすべもなく、産業構造転換もなし得ず、旧い生産体制のままバブル崩壊から立ち直ろうと努力したけれど、その結果は「失われた三十年」として経済危機を深めた。沖縄はその例外であった。バブル崩壊は必然的に全国的な少子化に拍車をかけ、日本経済を担う土台が崩れていく。全国で東京都と沖縄県が人口の増加を示しているが、東京都は流入人口の増加であり、沖縄の人口増は、合計特殊出生率が一・九〇という数字が示すように理想的な水準であって、絶望的な本土の少子化とは違った状態である。（合計特殊出生率とは、一人の女性が一生の間に平均して産む子供の人数をいう。二・〇〇以上ならば安定的社会の持続を可能にし、一・五〇を下回ると未来社会へのリスクが高まるという）

日本経済はバブル崩壊の中で、辛うじて輸出産業に活路を見出そうとしたが、すでにグローバル化による新興国の情報産業の発展によって、中国や「韓国」の情報産業が優位に立ち、日本はその部品や原材料の輸出国となり、米国のＧａｆＡの日本市場侵出も重なり、日本経済の行く手には暗雲がただよっているのである。（ＧａｆＡとは、Ｇ＝グーグル、ａ＝アマゾン、ｆ＝フェイスブック、Ａ＝アップル）

辺野古新基地反対闘争は、全国の基地反対闘争、原発廃止を求めるたたかい、戦争反対・安保破棄闘争を大きく励まし、重要な教訓を残した。

沖縄県民を中心に全国的な闘争となった辺野古新基地建設反対闘争が発展していくなかで、新基地がなぜ千六百ｍもの大滑走路を持ちしかも大きなヘリポートまでも持つ米軍基地となるのか、ということが明らかになった。米軍に配備され、新たに自衛隊に配備されるF35戦闘爆撃機は、敵基地攻撃用のステルス機（レーダーに探知されにくい戦闘機）であり、敵基地を攻撃することを任務として作られていて、離着陸に千六百mにも及ぶ大滑走路が必要である。また大ヘリポートを必要とするオスプレイは、敵を先制攻撃する任務を持つ海兵隊を前線に運ぶためのものである。米中間の緊張が高まるなか、米軍は対中国作戦を遂行する上で、F35戦闘爆撃機のための新基地を必要とし、海兵隊を前線に送るためのオスプレイの基地が必要であり、それを辺野古に新設するよう日本政府に強制した。すると安倍政府は「普天間基地の危険性を除去する」ためには「辺野古への移設」が唯一の解決方法である、と大ウソを言って人々をだまし、米軍の要求を実現しようとしている。このことが、辺野古新基地反対闘争の発展の中で明らかになってきたのである。

米軍（米国）は、自国の利益を守るための戦略・政策を遂行するにあたって、日本の国益や日本人民の営為《えいい》（生活）を無視して日本政府に要求をつきつける。日本政府は「民意」がいかにあろうと、米国の要請を受け入れて、それを強権で実施しようとする。こうした日本政府の対米従属と米国の独善・横暴の本性がたたかいの中で明らかになったのである。

米国のイラク侵略戦争の頃、後方基地として岩国基地などの拡大強化がはかられた。岩国基地の騒音被害に悩む周辺住民の声をすくい上げた当局は「基地の沖合移設」によって騒音被害をなくすと大ウソを言って岩国基地を沖合に拡張し、基地機能を強化して、極東最大規模といわれる現在の米軍岩国基地にしたのである。長年にわたって岩国基地反対闘争をたたかっている山口県民は、辺野古基地反対闘争の教訓から学び、米軍の横暴と日本政府の対米従属の姿勢を糾弾して新たな段階の基地反対・安保破棄のたたかいを発展させようとしている。

秋田県と山口県に強制配備しようとしているイージス・アショアに反対する両県の人々は、政府の言う「イージス・アショアは日本を守る」ためだというペテンを見抜き、アジアから米大陸へ発射される長距離ミサイルを日本上空でとらえて撃ち落とそうとするもので、米国が自国を守るために、日本の資金で日本の土地に設置し、米国のために使用されるものだとして反対闘争を発展させ、その元凶である日米安保条約に結びつけ、沖縄をはじめ全国の基地反対闘争と連帯してたたかっている。

全国各地でたたかわれている原発反対、核兵器廃絶、戦争反対のたたかいは、沖縄辺野古新基地建設反対闘争の教訓に学び、米国とそれに従属する日本政府の基地拡大強化、戦争準備に反対するたたかいとして発展しており、安保破棄、真の日本の独立、アジアの平和へ向かって一歩一歩確実に前進している。

米国の対日政策に忠実な官僚

鳩山首相が、辺野古基地への移設（新設）は「最低でも県外」と発言したのに対し、外務・防衛官僚をはじめ各省庁の官僚が首相に反対し米国に忠誠を尽す姿を見せた。日本の官僚制度は、一九四五年米軍が日本を占領し、ＧＨＱを設けて日本を支配・統治したとき、ＧＨＱは戦時中の官僚制度をそのまま占領政策の実施機関として活用した。その官僚組織は米軍の日本直接占領が終わっても今日まで、米国の対日政策を忠実に実行する組織として働き続けている。この間官僚組織の中では、ＧＨＱ支配の頃から引き続いて、対米追随の路線を歩めば自己保身にもなるし、日米間に波風が立たなくてよいであろうとする官僚が多数であったが、日本の国が真に独立し、国益にかなう外交をすすめるためには、米国追従一辺倒ではなく自主外交をすすめる必要があるだろうとする自主路線を歩む官僚もでてきた。この傾向は主として外務省において顕著であり、他省庁においても同様の動きがあった。

米国は日本の政治家を総理に起用するにあたっては、吉田、池田、佐藤らのように実績のある旧官僚で、米国の方針には無条件で従い、積極的に米国の対日政策を実行する人物を選んだ。歴代の総理大臣の中で、米軍、米軍基地の持つ世界戦略の役割（例えば反共、中・ソ包囲網）に反対する政策を実行する者に対しては、汚職問題等をデッチ上げて陥《おとしい》れ、政治生命を奪おうとしてきた。後者の代表的政治家は、石橋湛山、田中角栄、橋本龍太郎、鳩山由紀夫らであり、政治家としては小沢一郎もその中に入るであろう。

こうした米国の策動は、官僚組織の中にも反映していた。しかもそれは忖度《そんたく》によって支えられていた。「自主路線」を歩んでいると見られる官僚には、露骨な排除の圧力がかけられた。例えば大蔵省の或る幹部官僚が外交問題で米国の担当者と交渉して一定の成果をかちとろうとしていたとき、その問題が米国にとって不利益になると見た上級機関から「もうそれ以上主張するのはやめろ」と待ったがかかり、当該官僚はその後閑職に追いやられたという。時の首相が米国に対して軟弱な首相であると、米国の利益を損なうのではないかと思われる自主路線の官僚は、首相の声がかりで排除された。官僚仲間のあいだで「あいつは米国に嫌われているらしい」と噂をたてられれば、仕事がしにくくなり、排斥される、などといったことが、官僚組織の中で常態化している、と元外務省国際情報局長であり外国大使もつとめたことのある孫崎亨が自著に書いている。このような策動の裏にはＣＩＡとその協力者の工作活動が行われているだろうということが推測できる。ＣＩＡは「自国の安全保障」のためには、他国に干渉するのは当然だとして、世界各地で謀略をめぐらしており日本の政局を動かすために、数百万ドルを自民党に渡していると報じたワシントン・ポストの記事の例でもよく分かる。このようにして今日の官僚組織は対米従属路線が主流を占めながら政府を支えているのである。

階級社会・少子高齢化

バブル経済の崩壊による経済危機の中で、資本家はその危機から逃れようとして「合理化」をすすめ労働者を犠牲にしてきた。労働者の搾取は低賃金、長時間過重労働として強行された。その制度化が非正規雇用であり、正社員の削減・非正規化であった。二〇〇二年にパートを除く非正規労働者の数は六百九十一万人であったが、二〇〇七年には八百万人以上になり、その後も増え続けている。二〇一五年の厚生労働省の調査によれば、日本の貧困率（所得が国民の〝平均値〟の半分に満たない人の割合）は一五・七％である。七人に一人が貧困状態で暮らしている。これをひとり親世帯に限ってみれば五〇％を超えている。そうして母子世帯では四〇％が「貯蓄ゼロ」となっているのである。非正規労働者の増加、外国人労働者の移入によって正規労働者は削減され、低賃金化されている。一方では大企業の社長・役員には年収数十億円という大金が支払われ、資本家の中には数百兆円という資産を貯《た》めこんだ者もいる。「わずか一％の金持が九九％の我々を支配している」と叫んで「ウォール街を占拠せよ」と行動した若者達が真実を物語っている。我々が生活している資本主義社会は、明かに資本家階級と労働者階級の存在している階級社会であることがはっきりとしてきているのである。

このような社会で、低賃金で不安定な非正規労働者が急速に増えているとき、若い人達は結婚や出産をあきらめざるを得なくなり、人口は減少し続ける。一人の女性が一生の間に平均して産む子供の人数を示す合計特殊出生率は、一九八九年に一・五七となり（一・五を下回ると未来社会は危機だといわれている）、「一・五七ショック」と騒がれたが、二〇〇五年には一・二六にまで低下していったのである。

少子化が止まらないということは、もう一方の高齢化が深刻な社会問題となることを意味する。少子化によって労働人口が縮小すれば、社会は超高齢化の重みに耐えきれずに破綻してしまうであろう。「超少子化、超高齢化」によって、階級社会である資本主義社会の崩壊に拍車がかけられようとしているのである。

消滅可能市町村

非正規労働者の急増と少子化は、都市と農漁村の格差を次第に拡大させてきた。工業化と海外貿易の発展にともない、大都市への人口流入と農漁村の青年労働者の流出がすすみ、加えて少子化による人口減少によって農漁村はどんどん疲弊し、過疎化が急速にすすんで、「消滅可能町村」が話題となった。中小都市では、バブル経済崩壊のなかで、大企業の工場、営業所などが赤字による再建の犠牲となって、休業、閉鎖され、町と工場が共倒れするといった現象も起こっている。

一九九〇年頃の炭鉱閉山による夕張市の運命と同じような状況が全国の中小都市で起こっているのである。例えばニッサンの有力工場があった武蔵村山市では、敷地の広さがおよそ東京ドームの三十個分に相当する広大な土地に大工場が建ち、労働者およそ三千人が働いていた。工場の門前町には百軒にも及ぶ商店街が存在し賑わっていた。ニッサンは「赤字解消」のためと称して、「コストカッター」であり「首切りの鬼」と国際的に評判のゴーンを招き入れ、赤字工場を閉鎖し、不動産や株・証券を売り、黒字工場を残して「赤字解消」につとめた。ニッサンは労働者を犠牲にし、地域社会を破壊して生き残ろうとしたのである。三千人にも及ぶ労働者は、茨城の工場に配転か「生活できない」といって配転に応じなければ「首切り」である。門前町は閉店が相次ぎ「ゴーストタウン」と化した。広大な土地は荒涼たる風景の空地となっている。労働者のベッドタウンであった隣接の立川市も火が消えたようになった。このようにして衰退していく町もあった。「消滅都市」が全国的に出現したのである。

二〇一四年、日本創生会議でまとめた「増田レポート」では、「消滅可能性」のある市町村が全国で八百九十六もあると発表。大きな衝撃が走った。

こうした閉塞感から抜け出し、活路を見出そうとして、新たに海外進出・貿易に乗り出す企業もあった。世界的に新自由主義経済のグローバル化の風が吹き、先進工業国はきそって後進国への資本投下、「自由貿易」の強制をして新たな市場開発を進めていた。この間、後進国も次第に工業化が進歩発展し、AI（人口頭脳）と結びついたIT（情報）産業が発達しつつあった。中国や「韓国」のIT企業の中には、欧米先進国の企業と肩を並べ、市場を競う企業も出てきていた。日本は完全におくれていたのである。その上米国は自国経済の危機を日本に肩代わりさせようとして、日米貿易で摩擦を生じている品目、例えば農産物、自動車などで大幅の譲歩を強いた。日本政府は米国に屈服して、日本市場を米国のIT企業や生保・損保などに解放した。今ではGafA（グーグル、アマゾン、フェイスブック、アップル）や米大資本の生保・損保などが日本市場を席巻しようとしており、レジャー産業もまた米資本に牛耳られようとしている。

二大震災　原発大事故

このようにして衰退を続ける日本経済に、追い討ちをかけるように大打撃を加えたのは、一九九五年一月の阪神淡路大震災（兵庫県南部地震）及び二〇一一年三月の東北関東大震災（東北地方太平洋沖地震）であった。阪神淡路大震災は、一九九五年一月十七日、兵庫県南部で発生したマグニチュード七・三の大地震である。総務省の発表によれば人的被害は、死者六千四百三十四人、行方不明者三人、負傷者四万三千七百九十二人、建物の被害は、全壊十万棟余を含む半壊および一部損壊を合わせ約六十四万棟に及んだ。建物火災が発生し、全焼家屋は約七千棟に上った。鉄道や道路の橋梁、高架橋などが落下し、港湾地区では広範囲にわたって液状化が発生した。断水、停電、ガス供給停止など都市基盤の被害も甚大であった。東海道山陽新幹線の新大阪—姫路間は三カ月あまり不通となり、高速道路もずたずたになった。国や個人の被害総額は計り知れなく、今日なお完全な復興には至っていない。

東北関東大震災は、二〇一一年三月十一日、三陸沖で発生したマグニチュード九・〇の大地震である。人的被害は、死者一万八千四百九十三人、行方不明者二千六百八十三人、負傷者六千二百十七人、建物の被害は、全壊十二万八千八百一棟、半壊二十六万九千六百七十五棟、一部破損七十五万六千八百十四棟。地震に伴い三百三十件の建物火災が発生した（二〇一三年三月現在、総務省の発表であり、今なお行方不明者の捜索が続いている）。東北新幹線をはじめ鉄道や道路、港湾、空港が広域で損壊、東京湾埋立地などで液状化が起こった。

この大震災では、福島第一原子力発電所と福島第二発電所で大事故が起こり、その被害は東北・関東全域に及び今だに終息してはいない。福島第一発電所は、地震によって原子炉が壊れ、冷却ができなくなり、原子炉炉心のメルトダウン（炉心溶融）が起こった。三日後には第一号機と第三号機で水素爆発が起こり、四日後には第二号機の原子炉建屋で爆発が起こった。周辺地域に高濃度の放射性物質が拡散し、広範囲の周辺住民は避難を余儀なくされた。福島原子力発電所の大事故によって、原発の破壊、放射能の拡散が起こり福島県を中心に、住民の被害、農漁業の損害は甚大で今なお放射能被害は発生しており被害総額は計り知れない。その上原子炉を廃炉にするための期間、費用はいまだに予測がつかない状態である。

危機的状況にある日本経済にとっては、これは大打撃であって、日本経済の衰退に拍車がかけられた。日本政府は、福島原発大事故に対処する術《すべ》さえなく、復興は遅々としてすすまない中で、はやばやと復興庁を廃止しようとしている。それどころか、安倍首相は六年前、五輪誘致にあたって、ＩＯＣに対し放射能は「アンダーコントロールされている」と大ウソを言って世界の人々を騙したのである。

ところが米政府は、福島原発事故の報に接するや、いち早く情報官、技術者を日本へ送り、東電本社と政府の事故対策本部に入れるよう要請した。一方では事故の起こった原発の上空に無人偵察機を飛ばし、放射能などの情報を収集して本国へ送った。横須賀基地に入港していた原子力空母の最新鋭放射能探知機も動員して放射能測定を行った。被災者救援と偽って在日海兵隊を「お友達作戦」と称して、福島県境あたりに派遣し、放射能を測定しながら救助作業を行う訓練を行い、早々に撤退した。原発事故対策には米国から技術者を送り込み、「事故対策の先輩」として指導を行うとか、放射能汚染物質の除去のための機器類の売り込みを図っている。中でも破損した原子炉に流れこむ地下水が放射能汚染水となって流出するのを防ぐために「凍土壁」を作るよう、政府・東電にすすめた。これは技術料、建設費用含めて数百億円もするもので、作動し始めたら一万三千世帯分の電力を消費し続けるという代物《しろもの》である。二〇一六年から凍土壁の設置工事を始めたが、工事完成と言いながら、流入地下水、流出する放射能汚染水は一向に減らない。汚染水は今でも垂れ流しである。

危機を深めている日本経済にとって、このような負担が重なっては、絶望的である。ところが日本政府は、二〇二〇年に東京オリンピックを開催するとして、それを「復興五輪」と名付け、復興途中の東北その他の復興事業を放置し、オリンピック諸会場の建設、大会準備にすべてを集中し、数万人というボランティアを募集して人々を動員しようとしている。他方、トランプの「シンゾウは大量の兵器を購入してくれている」と言われる程に、米国の軍需産業、戦争政策に協力して、莫大な予算を注ぎ込み、自衛隊を増強して戦争準備に狂奔しており、二〇一九年十月に導入した消費税増税は、この予算に注ぎ込まれ「雲散霧消」しようとしている。

経済土台崩壊——政治危機

一九八〇年代、政府は新自由主義経済を導入、「臨調行革」「民間活力（利用）」をすすめ、世界的に進行していた金融自由化政策を実施した。同時に日米貿易摩擦による日本側負担増を補うための「前川レポート」による〝公共事業で内需拡大〟を計ろうとする金融緩和をすすめた。これは円高不況に陥っていた日本経済を悪化させ、バブル経済へと追い込んだ。バブル経済は企業・銀行に不良債権を生じさせ、バブル崩壊で巨額の不良債権の発生となった。政府・日銀は無策でこれに対処できなかった。公的資金を小出しにするとか、法人税率を段階的に引き下げて一時凌ぎをしようとしたが無駄であった。この間法人税率は一九九七年に三〇％であったものが、二〇一二年には二五・五％、二〇一五年には二三・四％に引き下げられ、そのためにこれまでの消費税収入のほとんどを食い尽くしたのである。

バブル崩壊は、一九九七年十一月の金融危機をひき起こし、日本経済は暗闇のトンネルに入っていき「失われた二十年」と言われるようになった。その後の日本経済の推移をＧＤＰ（国内総生産）で見ると次の如くである。一九九五年日本のＧＤＰは五兆四千五百億ドルであった。二〇一一年には七兆五千二百億ドルとなり成長かに見えたが、一七年には四兆八千億ドルに急落した。米国は一九九五年に七兆六千四百億ドルであったが、二〇一七年には十九兆四千八百五十億ドルとなり、日本の約五倍になった。中国は一九九五年には七千三百七十億ドルと日本にはとても及ばなかったのだが、二〇一七年には日本の二・五倍にもなる十二兆ドルとなっていたのである。日本経済の没落は明らかであった。

バブル崩壊後、政府は日銀に利下げを続けさせながら、銀行へ十二兆円の資金を注入し、不良債権処理に公的資金を投入して、その他合計四十七兆円もの融資を行ったが、バブル崩壊後の日本経済は悪化するばかりであった。二〇一三年四月、日銀は「異次元の金融緩和」と称して金利をマイナスにまで見込んだ引き下げを行い、資本投下を促し、国債を買い入れた。政府はそれに乗じて赤字国債を増発、二〇一三年度の国の借金は九百九十一兆円となり、一七年度には千八十七兆円となった。これはＧＤＰ比では戦時中の水準に匹敵するもので、明らかに財政危機であった。

政府の財政危機を含む日本経済の衰退のなかで、企業は生き残りを賭《か》けて醜《みにく》い生産競争に走った。商品の宣伝や、国の検査をごまかすためのデータの改竄《かいざん》が行われた。悪質な背信行為を大企業が行っているとして暴露されたのは、二〇一三年前後であり、それは日本有数の大企業が行っていたのである。三菱、神戸製鋼、旭化成、東洋ゴム、日産、スバル、東レ、KYB、日立、クボタ、IHIなどの名があがった。いずれも日本を代表する一流企業である。「物作り日本」の名声は一挙地に堕ち、国際的な信頼性を失った。

安倍政府は「生産革命」「働き方改革」「高度プロフェッショナル」などといい、無制限の残業をさせ、非正規労働者を増やし外国人労働者を移入して低賃金に導き、労働者の首切りを容易にし、過重労働を強いる労働政策をとっている。資本家にとっては、賃金が安ければ、長時間労働させれば、人数が少なく仕事を大量にこなせば、儲けを増やすことができる。安倍政府の労働政策は一方的に資本に奉仕するものであり、労働者は貧困に追い込まれ、購買力は落ち、需要は減少して市場は狭くなり生産は落ち込む。この政策はバブル崩壊に拍車をかけるものに他ならなかった。

政府は株の売買を活発にし、株価が上がれば景気が良くなると言って、株式売買の運用資金を大量に市場に投入した。ゆう貯、かんぽ生命、GPIF（年金管理法人）、共済年金、厚生年金、国民年金などの国内株式運用比率を二五％に増やし株買いに投入した。生産のともなわない株価の高騰は、経済成長とは全く縁のないもので、むしろ経済を衰退させる。投機バブルと言われ「失われた三十年」と言われるゆえんである。

この間政府も企業もバブル崩壊の対策に追われ、経営の合理化に血眼《ちまなこ》となり、赤字部門の切り捨て、労働者搾取の強化、新技術の研究投資の放棄を行い企業合併を行うなど、経営再建にやっきとなっていた。日本産業の国際競争力は急速に低下していった。新技術の開発、ＩＴ産業への産業構造の転換で、米・中・「韓」に大きく引き離された。スパコン、半導体、液晶・液晶テレビ、太陽光電池、携帯音楽プレーヤー、スマホ、カーナビなど、世界に肩を並べていた日本製品は、見る影も無くなったのである。リチュームイオンバッテリーの主導権は、ソニー、パナソニックからアップル、サムスンに移った。スマートスピーカーではグーグル、アマゾンが主体で、日本メーカーの姿は見えない。最近「徴用工」問題に端を発した日「韓」貿易報復合戦において、図らずも露呈したこととして、ＩＴ産業に関して日本企業は、「韓国」のＩＴ企業であるサムスン電子、ＬＧディスプレー、ＳＫハイニックスなどに部品、材料を納入する下請企業となっているのである。日本はＡＩを導入したＩＴ産業で完全に遅れをとっている。

政府は「ＡＩによる第四次産業革命」というが手遅れである。米国のマイクロソフト、グーグル、アマゾンなどのＩＴ企業と太刀打《たちう》ちできる企業はなく、日本のＩＴ企業の影は薄い。政府の「かけ声」だけが聞こえる。今や自動運転の多くは米国の開発となっており、ＩＯＴ（スマホ・

パソコンとＡＩ（人工頭脳）製品を結ぶインターネットを通じて機器の操作をする）技術では日本は「後塵《こうじん》を拝して」いるのである。政府・資本家の産業戦略は、決定的な欠如があると言わざるを得ない。日本の経済土台は崩壊の危機に直面し、政治の貧困は日本経済を資本主義それ自体の「断崖絶壁」に追い込んでいると言えるであろう。

資本家階級の没落と労働者階級の台頭

経済が衰退して危機的状況となり、政治が反動化してくると、その延長線上には戦争がある。これは歴史が証明している。その典型を米国に見ることができる。在日米軍基地は、米国のアジア戦略を遂行していくための前線基地であるということが、歴史的な日本人民の基地反対、戦争反対闘争のなかで明らかになってきている。中でも沖縄辺野古新基地建設の強行とそれに反対するたたかいの発展の過程で、辺野古への米軍基地建設は、米国のアジア新戦略のための重要な前線基地であり、日本政府が「民意」を無視してまで建設を強行している姿に、米国の意図と米国の意のままに日本政府が人民を犠牲にして米軍の侵略戦争に加担しようとしている目的が明らかになっている。

辺野古基地反対闘争の発展は、全国各地で起こっている米軍基地反対闘争を励まし、その教訓は米軍基地が如何なる目的で建設・運用されようとしているのか。米日政府の意図は何であるのかを明らかにし、各地の基地反対闘争がその元凶に迫るたたかいへと発展していくことを助けている。山口県及び秋田県にイージス・アショアを配備しようとする日本政府の企《たくら》みに反対して、両県の人々はたたかいにたち上がっている。政府はイージス・アショアの配備は「日本を守る」ためだと大ウソを言っていることに対して、住民達は、日本を守るためのものではなく、米国を守るために日本の土地に、我々のお金で配備し、米国に向けて撃たれたミサイルを途中で撃ち落そうとするもので、もし米国が戦争を始めれば、イージス・アショア基地が真っ先に攻撃の対象になる、といった本質に迫る反対闘争へと闘争を発展させている。

佐賀県では、住民用空港である佐賀空港を、自衛隊のオスプレイ基地にしようとする企みに反対して、地域の漁民・農民が反対闘争にたち上がっている。たたかいの中で人々は、佐賀空港を海兵隊とオスプレイの基地にし、佐世保軍港の原子力空母と板付基地のF35戦闘爆撃機が一体となってこれに加わり、アジア侵略の前線基地の役を果たすのだとして、本質的な反対闘争へと発展しようとしている。

千葉県木更津では、自衛隊基地にオスプレイを配備しようとする説明会が開かれた。住民達は以前に、沖縄基地、岩国基地の都合で、一時的にオスプレイを木更津基地に置くだけだと聞かされていたが、政府は「説明会」を開催したということを口実に、本格的なオスプレイの基地にしようとしているのであり、住民はその欺瞞を見抜いて反対意見を述べ「説明会」は空転した。木更津基地にオスプレイを配備するのは、首都圏の広範な空域を占有している米軍の総司令部が横田にあるからである。そこには自衛隊の幕僚監部が置かれていて、米軍総司令部の指揮に従っている。

米軍は、山口（岩国基地―F35、オスプレイ）、九州（佐賀―オスプレイ、佐世保―空母、海兵隊）、沖縄（F35、オスプレイ、海兵隊）、台湾（対中国最前線―第七艦隊）の四地点を結んで『第一線』とし、サイパン、グアム、ミクロネシアを結んで『第二線』とする対中国戦争想定の前線基地構想をたてていると言われている。第一線と第二線の連絡・調整、総指揮所が横田にあり、それを囲む基地が座間（陸軍）、厚木（空軍）、横須賀（第七艦隊根拠地）、木更津（オスプレイ―海兵隊）となっており、対中国戦線形成の中核となっているとのことである。木更津の住民、首都圏の人々は次第にこうした米軍戦略に気付きはじめ、日本が米軍の戦争の犠牲になることに反対するたたかいへと志向しつつあり、全国で起こっている戦争反対の大波に合流していこうとしている。

二〇一一年三月、東北関東大震災によって福島第一原発に大事故が発生した。数十万人の人々が避難を余儀なくされ、今なお全国各地で避難生活を強いられている。原発大事故発生以来原発建設反対、原発廃止を求めるたたかいは、以前にもまして強く大きく発展している。山口県においては、十数年に及ぶ長いたたかいを経て、豊北町への原発建設計画をやめさせた。しかし中電と政府は、県東部の上関町への原発建設策動を続けている。祝島を拠点とした上関町原発建設反対のたたかいは、豊北町原発建設反対の教訓に学び、地域のたたかいを全県にひろめてたたかいを発展させ、福島原発事故によって避難生活を強いられている人々の根強い原発反対闘争に学び、或いは交流して、中電・政府の国策としての原発推進に真っ向うから反対してたたかっている。それはまた全国各地で起こっている原発反対闘争とも結びついて発展している。

米軍基地反対闘争や原発反対闘争、消費税増税反対や福祉切り捨てに反対するたたかいは、政府の「戦争のできる」「普通の国」を作るという基本政策に反対するたたかいである。米軍と自衛隊が一体となって外国と戦争をし、そのためには「核武装」もあえて辞さないと考えるのは「戦争待望論」者の資本家・政治家達である。労働者・人民は平和を愛し戦争に反対し、人類を滅亡に導くであろう核戦争に反対している。資本家・政治家達は、労働者・人民から搾取し収奪した税金を、資本の利益のため、戦争遂行のために注ぎ込むことを望む。労働者・人民は、税金を社会福祉・教育、生活を豊かにするために投入するのが本筋であり、人類の発展に貢献するものだと期待している。

こうした労働者・人民の闘争が次第に全国的なたたかいに発展しようとしているとき、二〇一九年七月、参議院議員選挙が行われた。秋田ではイージス・アショア配備に反対してたたかっている県民を背景に、野党議員候補がイージス・アショア配備に反対し、安倍の戦争準備政策に反対して選挙をたたかった。一方では自民党候補が配備賛成、安倍政治の擁護を訴えていたが、選挙結果は野党候補が圧倒的な支持を得て当選した。比例代表では野党から重度の障害を持った人が立候補し、二名とも当選した。障害者は「生産性」がない、社会の「邪魔者」だと露骨な暴言をはく政治家がおり、障害者を差別して、働く場を奪おうとする資本家が存在するなかで、多くの労働者・人民は、「人が人として生まれ、社会に貢献できない人はいない」と、立候補した障害者を支持したのである。

安倍政府・自民党は、北朝鮮による拉致問題を取り上げ、拉致被害者家族会を彼らの票田開拓に利用してきた。安倍首相は「拉致問題解決は安倍政権の最優先課題である」と大ウソを言って家族会を騙し、北朝鮮に対しては直接何の行動も接触さえも取らずに過ごしてきた。この度の参議院選挙では、元拉致被害者家族会の事務局長であった蓮池透が、安倍政権に反対する野党から立候補した。「安倍首相は腐っている」と彼は言い、安倍の政治に真っ向うから反対して選挙戦をたたかい、広範な人々から激励され支持を受けた。

こうした野党の奮闘に、多くの有権者が自覚を高め、日常的な労働者・人民の基地反対など先進的なたたかいに励まされ、意識を深めて政治闘争を前進させた。選挙の中で「窮屈な世の中で大変な思いをしている人は多い。〝消費税廃止〟を訴える政党に共感した」「強い者はより強く、弱い者は救われない世の中で、平等に生きられる社会にならなければならない」「野党から障害者や拉致家族の人など多種多様な人が立候補し、頼もしく思う」「反対意見やヤジに対しても真摯《し》《しん》に対応する野党の人に好感をもった」などといった意見があり、この間の人民闘争の発展を反映していた。有権者の中には「生活は苦しい。だが俺達を勇気づける人がいる。寄付をするぞ」とか「人々の生活が苦しいのは〝国がやるべき投資をやってこなかったからだ〟と分かった」などと言って野党・某政党にカンパをし、それが数億円にものぼったと報じられている。全国各地でたたかわれている安倍政治の「国策」に反対する闘争や、米国に隷属して日本人民を犠牲にしている安倍政権に対する憤《いきどお》りがこの参議院選挙で顕在化したと言えるであろう。

戦争反対、原発反対闘争の発展や消費税増税・福祉切り捨て反対闘争などは二つの階級の激突のあらわれである。ごく少数の資本家・政治家達が自らの利益を追求しようとしており、大多数の労働者・人民が平和を守り人類の発展を希求して前進しようとしているのであり、その闘争の具体的なあらわれである。我々は立場・観点を確かなものにして前進しなければならない。

このような情勢のもとで、最近トランプ米大統領は「日本は現在の米軍駐留費負担を五倍に増やさなければならない」と言った。日米間の米軍駐留費負担は、ほぼ五年毎に協議が行われることになっている。在日米軍の駐留費の日本側負担は、二〇一六年〜二〇二〇年の五年間で、「思いやり予算」が九千五百億円であり、米軍再編関係費（米海兵隊のグアム移転費――五千億円を含む）は三兆円にも及んでいる。トランプは「もしも日本が負担しなければ、米軍撤退もありうる」と言った。絶好機である。この際米軍は基地をもって、さっさと本国に帰ってくれれば、アジア各地での紛争はなくなり、アジア平和の基礎が築かれるであろう。しかし日本政府はそうはしない。或る米国政府高官は「トランプは、負担増の要求を受け入れられる金持ちで、しかもトランプに『ノー』と言えない国をターゲットにして搾り取る」と言っている。名言であろう。

現在の在日米軍駐留費の日本側負担は駐留費総額の七四・五％になっており、五倍ということは、米軍がただで日本に駐留し、おつりまで取ろうとするものである。米軍は日本にすべての費用を負担させ、米軍のために、日本を「防波堤」として「不沈空母」として利用し、中国、ロシアに戦争を仕掛け、アジアの覇権をにぎろうとしているのである。そのために米軍だけではなく、自衛隊も動員し、米軍の尖兵として戦わそうとしている。我々はアジア諸国の一員として、アジアの平和を守り、米国の邪《よこしま》な戦争策動に反対し、日本の真の独立をかちとり、日本の平和・アジアの平和を守るたたかいの先頭に立つ気概をもたなければならない。それはまた、日本、アジア、世界の労働者階級対資本家階級のたたかいの重要な一環の責任を果すことになるであろう。

「戦後　日本史　―米国の対日政策の歴史―」は以上をもって擱筆《かくひつ》する。この全文を通して、行を問わず片言隻句にも日本の労働者・人民の血と汗が滲み、活力が溢れていることを感じ取っていただきたい。

おわりに

成果横取り米国

今日《こんにち》の日本社会に「現代日本の七不思議」があるといわれています。それは、

一、リニア新幹線の動力であるリニアモータ（電磁気の反発を利用して車体を推進させる）の技術は何に使われるのでしょうか？

二、大学・高専の「ロボコン」の無線操縦技術は何に応用され、使われているのでしょうか？

三、「宇宙開発」の技術は何の役に立っているのでしょうか？

四、福島原発大事故の原因不明のまま何故再稼働がすすめられているのでしょうか？

五、防疫研究所の伝染病予防研究はどのように利用されていますか？

六、千葉県上空は航空機騒音で大変ですが埼玉県上空はウソのように静かです。何故でしょうか？

七、歴代内閣、特に安倍内閣はどうしてあんなにアメリカ一辺倒なのでしょうか？

といった七つの疑問があります。

一、のリニアモーターカーの動力は、電磁気の反発力を利用して車体を推進させます。従来の鉄道車輌のようにレールと車輪の摩擦力によって牽引力を発生するものでは、時速三百〜三百五十㎞が物理的限界だといわれています。リニアモータは、磁気の反発力により浮上し車輌と軌道が接触しないため、従来の動力の限度をこえて高速度を出すことができます。そこでこの動力を利用して、戦艦に搭載している飛行機を発進させるカタパルトの動力にし、より性能の優れたものにしようと、米国が考え、日本のリニアモータの技術を海軍で使うことにしたのだそうです。

（日米科学技術協力協定）

※カタパルト：飛行甲板をもたない軍艦の艦載機（軍艦に搭載している軍用機）を空中に勢いよく打出す装置。

二、の「ロボコン」には、最近アジア諸国の大学・高専も参加しており、非常に高度な無線技術、ロボットの能力が競われています。そこに目をつけたペンタゴンは、その外郭団体を「ロボコン」のスポンサーにし、優秀な技術を米軍に導入して、無線操縦機の性能を向上させているのだそうです。米国の無線操縦機がワシントンから遠隔操縦され、アフガニスタンなどで民間人が殺害されているというニュースをよく聞きます。

（日米相互防衛協定）（日米科学技術協力協定）

※ペンタゴン：米国の国防総省の通称です。建物が正五角形をなしているからそういわれています。

三、宇宙開発については、二〇一九年二月に小惑星探査機（はやぶさ2）が小惑星（りゅうぐう）に着陸し、岩石などを採集したことに見られるように、日本の宇宙開発技術は世界でもトップレベルだと言われています。この技術は日米間の協定によってそっくり米国に移転され、NASA（アメリカ航空宇宙局）の戦略防衛構想（スターウォーズ計画）に生かされていて、未来戦争と言われる宇宙戦争の準備に日本も間接的ではあるが参加させられているのです。

（日米科学技術協力協定）（日米宇宙開発技術交流）

四、原発再稼働は私達が考えられないほどの強引さですすめられています。日本が原発を売り込んだ英国やベトナムも、契約破棄を通告してきているといった国際的な動向にも背を向けて再稼働をすすめていいます。

今米国は財政的に原発稼働に行き詰っています。一方では米・ロ間のINF（中距離核戦力）全廃条約破棄などといった対立によって、核兵器の拡大競争を激化させています。そのために米国はプルトニウムの確保に躍起になっており、プルトニウムの産出を日本に求めています。日本政府は米国の要請に応えて、無理矢理に原発の再稼働をすすめており、産出したプルトニウムは米国の管理のもとにおかれています。
米国の必要に応じて、日本が犠牲になり、日本列島壊滅の恐れのある原発の再稼働が行われているのです。

（日本原子力会議）（日米新原子力協定）

五、日本の伝染病予防研究や解剖学の研究などが米国と深い関係を持つようになったのは、一九四五年の日本の敗戦直後からです。旧日本軍の中に七三一部隊という組織があって、戦時中中国に施設を作って活動していました。軍医を中心とした「人体実験」の実験部隊です。軍医は主として、東大、京大、長崎大などの医学部の助教授クラスの新鋭研究者・実践家でした。研究対象は中国人や朝鮮人の捕虜などの生きた人体に毒薬や伝染病菌を注入し、生きた人間を解剖するなどして効果を実験し、毒ガスや細菌兵器を作って実戦で使用していました。
戦後いち早く米軍は、七三一部隊の軍医達を資料と共に米本国に送り込み、ペンタゴンの付属施設である生物化学兵器研究所に入れ、生物・化学兵器製造に役立てました。その後日本の防疫研究技術と成果は米国に送られ、或いは共同研究が行われるなどしています。七三一部隊の軍医達は元の大学に帰り、教授・学部長に出世するなど優遇され、その弟子達の中には、放射能被爆（曝）者の診察・治療にあたって米国の意のままに悪い役割を果たしている医師・研究者もいます。或いは共同で製薬会社をつくり、米国から医薬品を輸入し、販売する者もいました。

（日米科学技術協力協定）（日米軍事技術交流）

六、の埼玉県上空が静かなのは訳があります。東京都の横田基地には在日米軍総司令部が置かれていて、自衛隊の幕僚監部も入っており、在日米軍の総指揮と自衛隊への指令が行われています。近辺には米陸軍、空軍、海軍基地が配置されています。そのため、東京都、神奈川県、埼玉県一帯の上空は高度五千ｍくらいまで広域にわたって米軍の専管空域とされ、米軍機以外は米軍の許可なしに航行できなくされているのです。世界で国の首都圏がこれほど広域に外国軍隊の専管空域とされ、支配されているところは他に類がありません。

（日米共同訓練会議）（日米航空協定）

七、の問題は本文の「講和条約」の頃で詳しく述べていますが、簡単におさらいしてみましょう。

米国は対日講和の基本方針の主要な柱として「米軍を日本に駐留させる」ことを日本に約束させ、米軍の駐留については「日本に、望むだけの軍隊を、望む場所に、望む期間だけ駐留させる権利を確保する」ことを「日本側の要請」として実現しようとしました。その使命を帯びた米国務省政策顧問ダレスは、特使として天皇との会談にこぎつけ「日本側の要請に基づいて、米軍が日本とその周辺に駐留すること」を天皇の責任において確認させ、それを骨子として講和条約を締結しました。米軍の日本駐留とそれに関連する事項は「日米安全保障条約」「日米行政協定」後の「日米地位協定」に盛り込まれ、講和条約と同時に調印されました。吉田茂や岸信介ら政府重鎮は、こうした「天皇外交」に対し無批判に服従し、講和条約・安保条約を受け入れたのです。しかも天皇は「沖縄（および必要とされる他の諸島）に対する米国の軍事占領は、二十五年ないし五十年、或いはそれ以上の期間つづけられたい」ということまで提言し、米国はその通り実行しました。このようにして「安保体制」といわれる米国への服従体制が今日までおよび、歴代政権がこれに抗《あらが》うことができず、むしろ屈服の姿勢を強め、安倍政権にいたってはトランプ政府の属国であるかのような様相を呈しているのです。（詳しくは豊下楢彦著『昭和天皇・マッカーサー会見』を参照されたい）

「現代日本の七不思議」は、戦後の日米関係の縮図を見るようです。勤勉な日本人が立派な果樹を育て実が成ると、早速米国が横取りし、我々は残りを頂いているのです。トランプ大統領はこの果樹を根こそぎ盗《と》ろうとしています。絶対に許すことはできません。

人類社会発展の法則

今日の社会において、私達がどのように生活し、未来をどう展望して生きていくかは、日々の生活態度に関わる重要な問題です。

私達人類は、他の動物達とは違った進化をしてきました。ヒトは数百万年前までは猿や犬猫と同じような生活をしていましたが、ヒトだけが他の動物と違った生活をするようになったといわれています。

私達の祖先は四足歩行であったものが直立歩行をするようになったのです。直立歩行によって自由になった手で、人類は道具を作ることができるようになりました。手の働きによって道具を使い新しい技術を身につけるようになり、簡単な操作から複雑な操作へと進歩していきました。新しい道具を作り、これを使うことで生産をすすめ発展させ、同時に手・足・目・口などの身体的能力も変化・発達していき、お互いの意思を疎通させながら共同作業を行うために欠かせない言語を生み出し発達させました。

人は自然に立ち向かい、自然に働きかけ、自然を理解し、自然の法則を知り、その法則に従って自然を改造して人間の住みよい世界をつくり上げていきました。それは人の労働によって成しとげられたものです。労働することによって人はその視野を広げ、認識を発展させました。労働を通して常に自然界から新しいことを学び、人間同士の結びつきを強めてきました。「猿と人間の違いは労働である」ということは、今日の人間社会と他の動物社会を比べてみればはっきりと認識することができます。

人類は生産用具として、狩猟用具や漁労用具などを作り、それを使って猟（漁）をするようになりました。獲物を料理して食べるために火の使用を覚えました。また、動物を飼育して食用に供するようになり、獲物を求めて集団で移動することもありました。植物を植え、農耕することによって食料を得たり蓄《たくわ》えたりし、農耕用具も改良、進歩させました。また衣類も作るようになりました。

人間の労働と生産は絶えまなく進歩し、狩猟から牧畜プラス農耕へと発展し、同時に紡織、金属加工、製陶などの技術を進歩させました。交易の必要から造船・航海術も発達しました。商・工業が発達し、芸術、科学が進歩し、医療、教育なども普及、発達していきました。集落につどう人々は種族（氏族）を形成し、民族から国家の建設へと進んでいきました。

このような人間社会の進歩発展を支えてきたのは人の生産活動に他なりません。生産活動が止まれば、人間は生存できません。人類は滅亡するでしょう。労働を基礎にした生産活動によって人間社会の発展が保障されます。

人類にはおよそ二百万年の歴史があるといわれています。その歴史は一定の過程を経て発達してきました。それは原始時代、奴隷制時代、封建時代、資本主義時代、社会主義時代に区分されるといわれています。原始共同生活の時代の中で、人の労働により生産力が高まり分業が行われるようになると、人は労働によって自分の生命を維持するのに必要とする以上の生産物を作り出すことができるようになりました。するとその社会に「強い者」が出てきて、生産手段と余分に作り出した生産物を独占しようとする者が出てきます。また部族と部族の間で領域の争いが起こるようになると争いに勝った方が捕虜を獲得して労働力として使役するということもありました。こうして原始共同社会の内部矛盾が激化し、「強い者」が生産手段と剰余生産物を私有し、労働する者を奴隷として支配下において奴隷労働を強制するといった社会に変革したのです。

奴隷制社会という階級社会が出現しました。奴隷制社会では生産手段が次第に進歩していきます。生産は拡大しますが、その富はすべて奴隷主の手中に収まり、貧富の差がひどく拡大し、奴隷は食うや食わずの貧困に陥っていきます。生産のための道具とされてきた奴隷は自覚を高め、逃亡や反乱を起こすようになります。「強い者」は奴隷主として支配階級を形成していますが、その中から下層の武装集団が反乱を起こすようになり、土地を奪い奴隷を農民として支配下におき農業に従事させて生産の担い手にするようになっていきました。奴隷制社会での生産力の発展と社会的な矛盾の激化によって新しい社会――封建社会へと変革していきました。

封建制社会の実現です。封建制社会では、封建領主とそれに仕える武士達が、土地を占有し、生産者である農奴、農民を身分的に支配しました。農民は生産用具を私有し、生産物の一部は自分の所有となりました。農民の創意工夫と労働効率の向上で、生産力は大きく伸びてきました。生産物の交換、流通が盛んになり、商人が誕生し、利益を我が物にして豊かになり、資本家となっていきました。

封建制社会では、生産力の発展によって内部の矛盾が激化し、封建的な支配が困難となり、農民の自覚的な決起と下級武士が結びつき、商人らの支援によって封建的支配をうち破るたたかいが発展し封建制下の支配階級は崩壊し、資本家がとって代わりました・資本主義社会が生まれてきました。

資本主義社会では近代的機械制大工業が行われるようになりました。資本家は工場を持ち大量の労働者を働かせ肥え太っていきました。農村からも若者が労働者として都市に流れこみました。社会は労働者を支配し搾取して富を蓄える資本家階級と搾取され貧困に追いこまれる労働者階級に二分されました。資本主義社会は自由競争の社会です。企業と企業は「食うか食われるか」の競争を激化させ、それは国際的な競争にまで及びます。競争に勝つための原動力は労働者を低賃金で長時間働かせ搾取を強化することにあるとして、資本家は労働者を酷使します。

資本家は倒すか倒されるかの競争の中で生産を拡大し、商品を作って作って作りまくります。必然的に過剰生産となり、市場は乱れ、過剰生産による経済恐慌が襲ってきます。これは十年を周期に襲来するといわれていますが、今日の世界では周期どころか、過剰生産による不況が長びき経済回復のめどがたたなくなっています。大規模な世界経済の大恐慌が迫っているのです。資本家達はこの危機から脱出するために、戦争によって血路を切り開こうと狂奔しています。

労働者はますます貧困化し生活は苦しくなっています。しかし労働者は大工場で生産に従事することによって、集団労働に馴染み、連帯することの重要さを学び、団結することによって大きな力を発揮することができるということを身をもって知ることができるようになっています。そうしたなかで資本家の搾取と労働の価値に気づき生産を私的に占有している資本家のあくどい手口を知ることとなります。労働者は差別に反対し、搾取を許さないたたかいにたち上がろうとしています。貧困に反対し戦争に反対して諸悪の元凶とのたたかいに決起し、或いは決起しようとしています。

このようにして、経済大恐慌に陥り、末期症状を呈《てい》している資本主義社会の胎内から、労働者・人民が目覚め、たち上がり新しい社会の萌芽となって成長していきます。

労働者階級は前述のように、資本家階級と真っ向からたたかう中で力を蓄積し、資本家に取って代わり、生産手段を手にし、社会を支配し、社会の主人公として前進していくのです。資本主義社会は崩壊し、新しい社会への展望が切り拓かれ、資本主義社会は社会主義社会へと発展していきます。

私達が日常生活を営んでいるとき、公私の別を問わず色々な問題に直面します。問題を解決して前に進むためには、何を基準にして解決方法を考えなければならないのでしょうか。人間は猿や犬猫のような動物とは違った進化発達をしながら今日の人間社会をつくり上げ、他の動物達とは違った世界を築き、これからも進歩発展し続けるでしょう。

人類は労働を通して自然に働きかけ、自然の法則をつかみ、自然を改造しながら人間社会を形成してきました。

私達が直面する問題を解決するためには、それが人類発展のために役立つかどうかを基準にして考えなければなりません。多くの人はそれに気付かず自然にその方向に向かって解決しながら前進しています。それはその人が人間として常日頃から労働に従事し、人類としての役を果たしているか、労働こそが人類として生きていく基盤であるという自覚があるからです。しかし私達はしばしば解決困難な問題にぶつかり立ち止まることがあります。そうしたときの判断の基準がしっかりしていないと解決の道を誤ることがあります。

常日頃労働とは縁のない生活をしている資本家や政治家達は、常に考えが人類発展の方向にそむき逆行しています。だから彼らは反動とか反動派といわれています。彼らは自らを含めて私達を動物の世界即ち動物的本能の方の欲の世界に陥れようとしているのです。絶対に許すことはできません。

私達は常に人類発展の方向に向かい、先祖の残してくれた遺産を継承発展させるために奮闘しなければなりません。今の社会は、腐敗堕落し崩壊の危機にある資本主義の時代です。社会発展の法則は新しい社会——社会主義社会を示しています。この道に従って前進することが私達に課せられた責務であると思っています。

〈参考文献〉

近代日本総合年表（岩波書店）
昭和平成史年表（平凡社）
日本史年表（岩波書店）
昭和史年表（小学館）
昭和・平成史（岩波書店）

日本の歴史　上・中・下（井上清）
資本主義の終焉と歴史の危機（水野和夫）
戦後史の正体（孫崎亨）
国体論（白井聡）
昭和天皇・マッカーサー会見（豊下楢彦）
昭和天皇とワシントンを結んだ男（青木冨貴子）
安保条約の成立（豊下楢彦）
日本の国境問題（孫崎亨）
尖閣問題とは何か（豊下楢彦）

領土問題をどう解決するか（和田春樹）
転換期の日本へ（ジョン・W・ダワー、バン・マコーマック）
21世紀の戦争と平和（孫崎亨）
非常事態下の政治論（岩見隆夫）
平成時代（吉見俊哉）
平成の経済（金子勝）
戦争プロパガンダ10の法則（アンヌ・モレリ、永田千奈訳）
米軍と人民解放軍（布施哲）
「反日」の秘密（鬼塚英昭）
中国の大問題（丹羽宇一郎）
琉球独立論（松島泰昭）
民主主義が一度もなかった国・日本（宮台真司、福山哲郎）
世界の99％を貧困にする経済（スティグリッツ、楡井浩一訳）
ケインズはこう言った、迷走日本を古典で斬る（高橋伸彰）
中国リスクと日本経済（石山嘉英）
シール革命の正体（藤和彦）
もう一つのアメリカ史（オリバー・ストーン）
日本の核開発（山崎正勝）

〈参考文献〉

財務省支配の裏側（中野雅至）
トップ・シークレット・アメリカ（ディナ・プリースト、ウィリアム・アーキン、玉木悟訳）
知の武装（手嶋龍一、佐藤優）
小沢でなければ日本は滅ぶ（平野貞夫）
それでも彼女は生きてゆく（山川徹）
フェア・ゲーム（ウィルソン、高山祥子訳）
我が身は炎となりて（比嘉康文）
私の愛した東京電力（蓮池透）
安倍政治の研究（岩見隆夫）
反米大陸（伊藤千尋）
トランプ政権で進む戦争の危機（鎌倉孝夫）
驚くべきＣＩＡの世論操作（ニコラス・スカウ）
内閣情報調査室（今井良）
官邸ポリス（幕蓮）
自衛隊の闇組織（石井暁）
政府は必ず嘘をつく（堤未果）
日本の財界（奥村宏）
国策と犠牲（山口研一郎）

ヒロシマを生きて（石田明）
アメリカの経済支配者たち（広瀬隆）
沈みゆく大国アメリカ（堤未果）
スノーデン　日本への警告（エドワード・スノーデン）
日本を追い込む五つの罠（カレル・ヴァン・ウォルフレン、井上実訳）
日本が売られる（堤未果）
東電福島原発事故　総理大臣として考えたこと（菅直人）
上野千鶴子の選憲論（上野千鶴子）
激動の平成史（洋泉社）
戦争まで（加藤陽子）
昭和史（半藤一利）
昭和史の急所（保坂正康）
ほんとうは日韓併合が韓国を救った（松木國俊）
池上彰のニュースから未来が見える（池上彰）
日本会議肯定論（濱田浩一郎）
日本近代史講義（山内昌之、細谷雄一）

戦後《せんご》　日本史《にほんし》　——米国《べいこく》の対日政策《たいにちせいさく》の歴史《れきし》——

2020 年 1 月 12 日　第 1 刷発行

著　者 — 冨田《とみた》　和夫《かずお》

発行者 — 佐藤　聡

発行所 — 株式会社 郁朋社《いくほうしゃ》

〒 101-0061　東京都千代田区神田三崎町 2-20-4
電　話　03（3234）8923（代表）
ＦＡＸ　03（3234）3948
振　替　00160-5-100328

印刷・製本 — 壮光舎印刷株式会社

郁朋社ホームページアドレス　http://www.ikuhousha.com
この本に関するご意見・ご感想をメールでお寄せいただく際は、
comment@ikuhousha.com までお願い致します。

ISBN978-4-87302-711-1 C0095